梶田叡一

内面性の心理学

Self-consciousness Articles
Kajita Eiichi

V
自己意識論集

東京書籍

自己意識論集　V

内面性の心理学

目次

Ⅵ　内面世界を育て整えるために

プロローグ　それぞれの〈私〉にとっての「現実」

1　それぞれの人に見えているもの

ともすると誰もが同じ共通の世界で同じように生きている、と考えてしまっているのではないだろうか。自分も他の人も同じものを同じように見ている、と暗黙のうちに思い込んでしまっているのではないだろうか。しかし、一人ひとりの見ているもの、一人ひとりにとっての「現実」は、全く異なったものである。一人ひとりが自分持ちの世界、その人に固有の独自の「世界」を生きているのである。内面性とか内面世界ということを問題にしなくてはならないのは、何よりもまず、こうした厳しい個別性を持ってわれわれ一人ひとりが生きているからである。このことをここで少し考えておくことにしたい。

たとえば、好みの蝶々やトンボ、庭先に咲いた気になる草花について、自分の見たところや自分の思いを熱を込めて語っているのに、目の前の人はシラケた興味なさそうな顔しかしない、といったことはなかったであろうか。どんなに自分の気持ちを込めて細かく語ったとしても、目の前の人は「どうして？　そんなことに！」といった怪訝な表情を示すだけのことがあったりするのではないだろうか。自分は小さい頃から、そうした何かに対して我を忘れ時間を忘れて夢中になってしまう、といったことを話したりすれば、いっそう怪訝な顔をされる、ということもあるのではないだろうか。それぞれの人の感性や関心の持ち方、個人史として持つ体験等々が異なると、目の前の同一のものが各自の「世界」に入ってきたり入ってこなかったりするのである。

だからこそ、誰かに何かを一所懸命説明している時、あるいは誰かと激しく議論している時、非常にもどかしい思いをすることもあるのである。これだけ言っているのになぜ分かってくれないのだろう。こんな当たり前のことを相手はなぜ受け入れようとしないのだろう。わざと分からない振りをしているのか。根が素直でないのか。それとも、こちらに悪意を持っているのか。こういった思いがだんだん強くなり、腹立たしく我慢ができなくなり、いっそ相手の頭の中に手でも突っ込んで、素直な考えになるよう整理してやりたい、といった衝動に駆られることにもなるのではないだろうか。

こうした思いや衝動は、無理からぬものである。しかしながら、これは本来、一種の「ない物ねだり」でしかない。他人に自分の期待する通り感じさせたり、考えさせたりするのは、しょせん無理なことである。他人の頭の中は、こちらの思うままには左右できないのである。逆説的に言えば、だからこそ説得の技術が古来人々の関心を集めたのであろうし、「催眠」や「洗脳」によって他人の考え方を完全に左右する、といった類いの研究が熱心に行われてきたのであろう。

自分にとっての「当たり前」が他人にとっては決して「当たり前」でなかったり、自分にとっての「現実」が他人にとっては決して「現実」でなかったり、ということは日常茶飯事であり、このことはまた当然至極のことである。しかし、こうした厳粛な事実をころっと忘れて、誰もが自分と同じように感じ、同じように考えている、ということを暗黙の大前提として生活しているというのも、われわれの通常の姿ではないだろうか。

2　高村光太郎の世界と智恵子の世界

高村光太郎には、愛妻智恵子のことをうたった詩が、いくつもある。その中でも、この「あどけない話」は、特に多くの人に知られているものであろう。[*1]

智恵子は東京に空が無いといふ、
ほんとの空が見たいといふ。
私は驚いて空を見る。
桜若葉の間に在るのは、
切つても切れない
むかしなじみのきれいな空だ。
どんよりけむる地平のぼかしは
うすもも色の朝のしめりだ。
智恵子は遠くを見ながら言ふ。

阿多多羅山の山の上に
毎日出てゐる青い空が
智恵子のほんとの空だといふ。
あどけない空の話である。

この詩を何の気なしにザッと読んでしまうと、間違った印象を受け取るのじゃないか、誤解してしまうのじゃないか、と思われてならない。

たとえば、これを一種の田園郷愁の詩、都会嫌悪の詩、として受け取ってしまうことはないだろうか。東京には本当の空がない。今ではもう公害で空気が汚れ、本当の空とは似ても似つかぬものになってしまっている。本当の空と言えるのは、智恵子の言うように阿多多羅山の上の青空のようなものである。自分は都会生活が長くなってしまっているから東京の空をきれいだなんて思っているけれども、純粋な心を持った智恵子は、汚れを敏感に感じ取っているのだ……。

しかし、私には、こうした読み取り方はどうしても間違いのように思われる。「桜若葉の間に見える、むかしなじみの空」、「うすもも色にけむる地平近くの空」、これらは光太郎にとって、やはり「ほんとの」空ではないか、と思うのである。

もう一つ、これを光太郎と智恵子の他愛のない会話の一断面、あるいは愛に満ちた日常生活のエピソード、と見てしまうのも、間違いのように思う。たしかに、内容的には、他愛のない話かもしれない。しかし、光太郎はこれを身辺雑記として、智恵子との生活の中での一つの小さな挿話として語っているだけなのだろうか、と思われてならないのである。もっと言うと、この詩を書きながら光太郎は涙を流していたのではないか、感情的にそれだけの重みを持つものではないか、と私には思われてならないのである。

この詩は、光太郎が、智恵子の内面をどうしても理解できない、その断絶感の表現ではないか、と思われて仕方がない。そう思うと、最後の、「あどけない空の話である」という文句には、光太郎の涙の跡がにじんでいるようである。

こうした読み方は、あるいは深読みが過ぎるのかもしれない。しかし、本当に誰かを理解しようとした時に、どうしても直面せざるをえない深淵の存在を語っているように思われる。その意味において、智恵子という具体的人物の特殊性を越えた深い洞察を語っているように、私には思えてならないのである。

3　他の人の心を理解するということ

相手を本当に理解しようと思うなら、その人を、外側からでなく、その内面から理解しなくてはならない。その人自身の内的な枠組みに則して、その人にとっての「現実」を、その人の生きている「世界」を、理解、洞察するよう努めなくてはならないであろう。

たとえば、親や教師が、自分ではよく理解しているつもりでその子に働きかけ、反発されたり、迷惑顔をされたりすることがある。いくらその子どもに対して愛情があっても、その愛情が、かえって邪魔になることがあるのである。

こんな小話がある。ある寒い日、一羽の雀が寒さにやられて落ちたのか、道端でバタバタしていたという。そこを通りかかった人が目をとめて、「かわいそうに！」と思い、しゃがみ込んでその雀を捕らえ、自分の家に連れ帰った。そして、「寒かったろう、寒かったろう」と部屋を暖め、お湯を沸かして、お茶をいれて、その雀に飲ましてやったというのである。ここまでは、いわゆる一つの「美談」としてよい。それで、その雀はどうなったかというと、当然ながら、死んでしまったという。熱いお茶なんか飲まされれば、死ぬに決まっている。

親切の一方的な押しつけは、それを受ける方で大変、ということがある。いくら愛情があったとしても、その愛情のために自分の思い込みだけで突き進んでいくのでは、逆効果である。相手の事情を無視したまま真心を尽くしたって、相手の方では大迷惑ということがよくあるのである。子どもに対して、愛情を込め真心を尽くして、いろいろ言ってやり、お膳立てしてやっても、ある日突然、激昂して金属バットでガツン！　とやられたのでは、泣くに泣けないであろう。

それだけではない。虚心坦懐に子どもの態度や行動を見ていたとしても、それだけでその態度や行動を理解することは困難である。その子自身が自分のその態度や行動をどう意味づけているか、が分からなくては、本当に理解することはできないし、またそれに対して適切に対応することもできない。

たとえば、一人の男が急に立ち上がって、薄笑いを浮かべながら、こちらに近づいてきたとしよう。そういう場合、あなたならどうするであろうか。もしあなたが、その男は何か冗談半分に、ふざけて近づいてきたのだろうと思えば、笑顔を作って待ち受ければよい。しかし、その男は何かの間違いであなたに憎しみを持ち、殴りかかろうとして近づいてきたのかもしれないと思えば、注意深く、相手の顔から目をそらさないようにしながら、いつでもその場から走って逃げられるよう準備しなくてはならない。あるいは、その男は、はじめから、因縁をつけて恐喝をするつもりで近づいてきたのではないか、と思ったら、面倒なことにならないよう、大急ぎでその場を逃れた方がいいかもしれない。

いずれにせよ、一人の人間を、その外側から理解し、適切に対応する、ということは、非常に困難なことである。外的枠組みからでなく、その人自身の内的枠組みにもとづいて理解しなくては真の理解にならない、と言われてきたのも、まさにこのことにほかならない。

一人の人を理解しようとする時、こちらからの一方的な思い込みで分かったつもりにならないためには、その人が内面にどのような思いを持ち、そこでどのような感情が渦巻いているのか、その人にとって何が現実であり、何が価値あるものであるのか、といったことの洞察が不可欠である。つまり、その人が生きている「現実」は、その人以外の人が見ている「現実」とは異なるのである。もっと言えば、人間一人ひとりが自分持ちの「現実」を生きているのであり、その「現実」こそ、その人に固有の内面世界のあり方に根ざしたものなのである。したがって、その人にとっての「現実」がどのようなものであるかにこだわらなくては、その人を真に理解する方向には進んでいけないのである。

たとえば、子どもに自分のやったことに対して反省するように言う、といった場合を考えてみることにしよう。親や教師の方では、「この行為は良いことか悪いことか」を考えさせようとしているのに、子どもの方では「カッコ良いかカッコ悪いか」という点からしか考えていない、ということがあるかもしれない。親や教師の方では、「正しいことか誤ったことか」を考えさせようとしているのに、子どもの方では「お母さんは、あるいは先生は、このことが好きなのか嫌いなのか」ということを問題にする、ということもあるかもしれない。また、親や教師の方では、「人間として望ましいことなのかどうか」を問うているのに、子どもの方では、肝心の「人間として」ということが全然ピンときていない、ということもあるであろう。その場では同じ言葉で対談しているつもりでも、気づかないまま大きなすれ違いを演じていることが少なくないのである。

4　内面の独自な世界

一人ひとりは、もともと、その顔の背後に、他の人にはうかがい知ることのできない独自の世界を秘めている。しかも、その世界こそがその人にとっての「現実」なのである。そして、その世界が充実していさえすれば、外の世界のことなど、本来どうでもいいことなのである。

こうした内面世界とは、まずもって、その人の意識の広がりと内容のことである。つまり、その人の心のスクリーンに何がどのように映っているか、という世界であり、また同時に、そうした映像をもたらす心のスクリーン自体のあり方でもある。より具体的には、その人が自分の目を通じて見、自分の耳を通じて聞き、自分の肌で感じ取り、自分の頭で意味づけたり判断したりしている世界であり、また、そうした世界をもたらすその人独自の心理的土台のあり方でもある。私達は、そういう銘々持ちの内面世界をはらみながら、それぞれなりに行動し、また互いに会話しているのである。この観点からすれば、私達が他の人に出会い、話し合い、協力したり喧嘩したりしているというのも、そうした銘々持ちの内面世界の中で生じている一つの現象、極端に言えば一つの幻にすぎない、ということになるだろう。

そういう基本性格のものであるから、一人ひとりの内面世界に映っているものは、同じところで同じものを注視していたとしても、あるいは同じことを同じようにやっていたとしても、当然のことながら、決して同じにはならない。

たとえば、どこかの繁華街を、五人くらいで連れだって歩いてきたとしよう。そして、何が印象に残ったか一人ひとりに話してもらうことにすると、各自が全く異なったことを口にするはずである。ある人は、街を行く人達のファッションについて、またある人は、人々の顔つきや表情といったことについて、またある人は、街のここかしこに増えてきたオシャレな飲食店の様子について、自分の目にとまったところを語るであろう。同じ街を連れだって歩いても、目に入ってくるもの、心を魅かれるもの、が全く異なるのである。

同様に、何人かで連れだって音楽会に出かけて、たとえばベートーヴェンの交響曲「田園」に耳を傾けたとしよう。そこでも、それぞれの心のスクリーンに去来するものは全く異なっているはずである。同じ環境で、同じようなソファーに座って、同じ器楽的ハーモニーに身を任せていたとしても、それぞれの人の音楽的空間は全く異なったものになるのである。まさに「同床異夢」と言うべきではないだろうか。

こうした基本事実を無視したり軽視したまま、人間についての科学を建設しようとすると、きわめて滑稽なことになりかねない。戸川行男の次のようなラジカルとも言える心理学批判[*2]も、結局のところ、この基本事実の重みを強調するところから出てこざるをえなかったのであろう。

（筆者のいう）意識心理学とは、私による、私だけの、私それ自身を対象とする、私の心理学である。人はこのような学を学と呼ばないし、このような「学」がありうることを認めないかもしれない。しかしそれは本質的な見落としなのであって、すべて人間論、人間学は、この私にとっては、この「私」自身を、そしてそれだけを、間違いのない人間として突き出すことから出発しなければならないのである。……

意識の何たるやを知ろうとすれば、自分自身の意識を知らなければならず、自分自身の内省による以外にその道はないのである。もし、自分の内省結果から見て、他者の内省報告が同調できぬものならば、自分の立場から自分の内省所産を主張すべきである。自我の問題はいつも必ずこのように独特なものであり、ある意味で頼りのないものである。自己を信じることなしに、自己とは何かを問うことはできない。自己を問うことなしに、自我を語ることはできない。小さな、この自己、この自分自身を問うことなしに、それに答えることなしに、自我の問題に、つまり、善とか愛とか死とか信仰とか罪とかに、それらが何であるかに答えることはできないのである。自分というこの小さな、頼りない存在を、何ものにもかえがたい、自分にとっての無二の存在、絶対的なものとして、そこに善とか愛とか、あれこれの人間存在に本質的な諸問題の解答を求めていかなければならないのである。……

たしかに、その通りである。われわれは、あまりにも単純に、自然科学的な方法論の適用によって、人間一人ひとりの内面の「事実」を斉一に取り扱える、という幻想に陥ってはならない。それでは結局、それぞれの人にとっての独自な意味空間が、感情空間が、つまりその人そのものが、捨象されてしまう恐れがあるからである。心理学や社会学等々における人間研究を進めていくうえで、常に厳しく自省自戒しなければならない点であろう。

5　各自にとっての客観世界

いずれにせよ、軽々に「現実には……」とか「客観的には……」などと語るべきではない。誰もが、自分自身に対して現れている世界こそ、現実そのもの、客観的なもの、と信じているのである。自分の見ているもの、聞いているもの、感じているものこそ、客観的に厳然として存在しているはずの現実に相違ない、と思い込んでいるのである。

しかし、本当のところは、「銘々持ちの現実」、「銘々持ちの客観世界」が、そこにいる人の数だけ併存しているわけである。別の言い方をすれば、それぞれの主観的な世界以外に、「本当の客観的な現実世界」がたとえ存在するにしても、われわれに与えられているのは、それぞれの心のスクリーンに映し出されたそれぞれなりの主観的映像にすぎないのである。つまり実際には、どこにも「客観的世界についての正しい認識」など存在する余地はないのである。

この点において、われわれは、日常的なものの見方、考え方を一八〇度転換しなければならない。われわれは、どうしても、共有の世界、共有の現実の中で誰もが生活している、という大前提でものを考えている。そして、そうした共有の現実をわれわれ一人ひとりがどのように意識化し、どう反応するか、という視点からすべてを考えている。しかし、この習慣化された日常観念は逆転されなければならないのである。

共有の現実はあるかもしれないし、あるいは単なる幻想かもしれない。いずれにせよ、具体的に存在しているのは、一人ひとりが持っている「現実」であり、また各自の「現実」に対する一人ひとりの対応の仕方でしかない。たしかに、同じ生物的種に属するということで、同様の目や耳や頭の構造と機能を持つわけであるから、それぞれの持つ「現実」の中身は結果として類似してくるかもしれない。また、同じ時代の同じ文化の中で育っていくとすれば、共同幻想と呼ばれるほど強力な共通の視点や観念に幼児期からさらされ続けるわけであるから、各自にとっての「現実」が結果的にほぼ同一のイメージ内容を持つこともあるかもしれない。このため、人は誰しも同じような認識や感情を持つものだ、と言った方が適切に思える場合が、あるいはあるかもしれないが、やはりそれはそうでないのである。一人ひとりが一人きりで生まれ、毎日の生活を通じて自分だけの体験をしていくのである。類似した「現実」を持っているように見える場合であっても、その内実は一人ひとりで全く異なってこざるをえないのである。これまで何度も述べたように、ここに着目するかどうかが、こうした個々人の持つ「現実」の根本的相違を重いものとして受け止めるかどうかが、真の人間理解を進めていくうえでのポイントなのである。

6　外的で客観的な世界ということ

　ところで、自分自身にとっては、内面の世界も、外的な世界も、ともに確固とした意味を持つ世界である。誰か他の人に対面している場合には、たしかに相手の人の内面と外面を区別しなくてはならないにしても、自分自身にとっては、自分の内面の事実は、外的な事実と同様の確実さを持つと言ってよい。しかし、他の人とコミュニケートしようとする場合、直接的な形で話が通じ合うのは外的世界のことのみであるため、それのみを公共的な世界とみなし、その中で生起することがらのみに話を限ることをもって客観的で科学的なあり方とする態度が、知らず知らずのうちに形成されてしまっているのではないだろうか。これは、実は、自分自身に対して不誠実な態度と言わねばならない。本当に自分に対して誠実であろうとするなら、内面の世界を含め、本来、自分自身にとっての「事実」の総体を問題にすべきだからである。外的な世界のみを共有の客観世界であると考えることは、自他を越えた共有の世界に対してのみ注がれている「一般者」の目、あるいは神仏の目、を常に想定することに他ならないようにも思われる。こうした想定がすぐに虚妄だとか幻想だとか言うつもりはないが、真の「一般者」であるならば、一人ひとりの内面にまで及ぶまなざしが、一人ひとりの内面も外面も問わぬ内面・外面の区別にかかわらぬ透徹したまなざしが、想定されるべきではないであろうか。

　もう少し、このあたりの事情について考えてみることにしよう。今、私の前に古い机があるとする。そしてこれは、他の人が見ても古い机として認識されるであろう。このように、複数の主観によってほぼ同様な形で確認される世界が、公共的な世界である。これはまた、私にとっての外的な世界でもあるであろう。これに対して、今、私は、腹部に痛みを感じているとする。この痛みを他の人に訴えることはできるが、その人はそれを一つの情報として受け止めることができるだけであって、その訴えの真偽も、その痛みの内実も、確認することができない。あるいはまた、今、私の頭の中を可愛い女の子のことがよぎったとしよう。私は、このイメージなり思いなりを他の人に訴えることができるにしても、その人は、その具体的な内実を確認することができない。このように、痛みなどの感覚や、思い、イメージなどは、私だけに開示された世界の中でのできごとであり、これが私秘的な世界、内面の世界ということになるのである。

くどいようであるが、内面世界は意識の世界、外的世界は客観的世界、と考えてはならない。どちらの世界もその人の意識によってとらえられた世界なのである。より正確には、私の意識によってのみとらえられている世界が内面世界であり、私の意識と他の人の意識との交錯の中で、相互に確認し合いつつとらえられている世界が外的世界である。この意味において、世界はすべて主観的なものと言うべきなのである。

だからこそわれわれは、外的な世界についての認識であっても、認識の妥当性を求めてさまざまな現実検証の試みと自己内吟味とを重ねざるをえない。さらにまた、「お互いに納得し合える」論拠や論理という道具立てを準備することによって、各自の主観的世界の共通部分を確認し拡大すべく努力しているのも、このためである。このような努力をしなければ、われわれは自分自身の主観性の中に無自覚なまま閉じ込められてしまい、それを万人に共有されている客観的な世界であると思い込んでしまうことになるのである。

　こういうことを考えるなら、先ほどの「現実には……」という表現は、本当は、「私が確信しているところによれば……」とか、「私の見るところによれば……」と言うべきである、ということになろう。また、「客観的には……」という表現は、より正しくは、哲学者がよく語るように、「間主観的には……」とか「相互主観的には……」と言うべきである、ということにならざるをえないのである。

7　個性の根源としての内面世界

　いずれにせよ、一人ひとりが持つ独自の個性とは、最も根本的には、ここで言う内面世界のあり方に根ざしている。個性ということで態度や行動のあり方といった外的特性が語られがちであるが、一人ひとりの外的な現れをもたらしているのは、その人の内面世界に他ならない。つまり、その人の内面世界こそ、その人なりの世界とのかかわり方、ひいては世界の中におけるその人独自の存在のあり方を、規定しているのである。

　このことをもっと突き詰めると、森有正の言うように、そうした内面世界そのものを成立させている「経験」の問題になると言ってよいかもしれない。そう考えるならば、次のような森有正の指摘[*3]は、われわれにとって非常に示唆的ではないだろうか。


　……ある一つの現実に直面いたしまして、その現実によって私どもがある変容を受ける、ある変化を受ける、ある作用を受ける、それに私どもは反応いたしまして、ある新しい行為に転ずる、そういう一番深い私どもの現実との触れ合い、それを私は「経験」という名で呼ぶのです……その経験ということにあるとき目覚めた時に、その経験の全体が自分なのだ、それが一人の人間というものの意味なのだ、つまり、私が経験を持っていることを本当の意味で感じる、……私どもの現実が実は私の経験そのものである。そしてそれが私自身である。……

森有正にとっては、このように、「経験」こそがその人自身の個性の内実となるのである。そして、この「経験」こそ、その人の内面世界に、ある具体的な光景を、そしてその光景に関連した思いやこだわりを準備するものなのである。

いずれにせよ、一人ひとりが個別に生まれ、自分自身の体験・経験を積み重ねていき、それによってその人に特有の感性やこだわりを形作っていくのである。そうした土台の上に構成されていく内面世界が一人ひとりなりの固有な様相を呈するのは、当然至極のことと言ってよいであろう。

＊1　高村光太郎は、彫刻家として、画家として、詩人として有名。『智恵子抄』は高村光太郎が、一九四一年、龍星閣から刊行したもの。
＊2　戸川行男『意識心理学――人間とは何か』金子書房、一九八七年。
＊3　森有正『古いものと新しいもの』日本基督教団出版局、一九七五年。

I

内面世界とは何か

第1章　内面世界——自己意識と有機体自己と社会的自己と

1　意識世界における自己意識

すでに何度も述べてきたように、自分の意識世界に現れているところだけが自分にとっての世界のすべてである。意識の及ばないところに存在しているものを想像してみることはできるが、想像すること自体が意識世界の中でのできごとであり、その結果としてイメージされたものも意識世界の中のものでしかない。また、自分自身の意識世界を大きく超えた広大な世界が現に存在していることは、意識世界内に現れる知識としていちおうは知っているとしても、知識は知識であり、実感的に自分の世界として認識するわけにいかない。

こうした意識世界においては、自分自身に関する意識、すなわち自己意識が、大きな意義を持つ。自己意識（自分自身に関する感覚・感情・認識・イメージ・概念など）が常に暗黙の準拠枠（フレーム・オブ・リファレンス）となっており、これがわれわれの思考や決断を、そして言動を、さらには生き方を、さまざまなレベルで枠づけ方向づけているからである。もちろん「無私の境地」に達すべく修行した特別な人の場合には、自己意識が準拠枠として機能する度合いが低くなっていることも予想されないではないが、通常の社会生活を送っている人の場合、自己意識はわれわれの意識世界の中核に位置し、われわれの具体的あり方を大きく規定するものになっている。

こうした自己意識は、少なくとも以下のような水準ないし側面を持つ。

〔A〕〔(流動的な)気づきとしての自己意識〕

自分自身の状態や状況について現に意識していることや思い浮かぶことに気づく、という形での自己意識。

〔B〕〔(ある程度固定し概念化された)思い込みとしての自己意識〕

自分自身はこういう者(姿形や性格や好みなど)であると暗黙のうちに思い込んでいる、という形の自己意識。こうしたイメージはまた基本的には他者も共有しているだろうとの思い込みをともなうことが多い。

〔C〕〔(自己に対する)社会的自己認識としての自己意識〕

自分自身は社会的にはこのようなカテゴリー(国籍や所属民族は、男か女か、若者か年寄りか、職業的属性はどうかなど)に入れられ、社会的にはそれぞれのラベルを貼りつけられた形で存在する、という認識の形をとった自己意識。これは社会で自分が基本的にどう取り扱われるか、自分自身の社会的言動をどういう枠組みの下にコントロールするか、といった際の大枠となる社会的分類体系への組み込まれの意識であり、社会的アイデンティティ=社会的分属の意識、「位置づけとしてのアイデンティティ」である。

〔D〕〔(自己の本来的な姿やあり方の) 自覚としての自己意識〕

自分は本来こういう存在であり、またそうあらねばならないという、自己のそもそものあり方についての自覚ないし自己確認という形の自己意識。これは、社会的には「宣言としてのアイデンティティ」となる(宮沢賢治で言えば「自分は法華経の行者である」など)。これは時には究極的自己洞察ないし覚醒としての自己意識という形をとることもないではない(たとえば「自己は本来空である」など)。

〔E〕〔(自己に関する) 感情なり評価なりとしての自尊意識〕

プライドや自尊感情、優越感や劣等感、自己満足や自己不充足感、など自己評価的意識と総称されるもの。これは人を鬱的気分や自己高揚感に導くこともあり、精神的な健康や社会的な適応性とも深く関連する。

こうした自己意識の基盤には、自分自身はまさに一個の主体である、という大前提がある。しかしながら、そうした主体感覚ないし主体意識がまさに意識世界内でのものであるためもあって、自己の意識世界の背後に一個の有機体としての広大な生命の世界が時々刻々機能していること、そして、そうした有機体としての生命的働きが、意識に現れている自分自身についての感覚や意識やイメージも、さらには意識世界そのものをも、大きく支え規定していること、といった根本的な事実に思い及ばない、ということになりがちである。こうした限界性をともないながら、われわれの多くは、意識世界こそが自分という主体の座そのものである、という無条件の感覚を持つにいたっているのである。

2 デカルトの「私は考える、それ故に私は有る Je pense, donc je suis.」

ここで思い出すのが、デカルトが『方法序説』の冒頭に述べている「私とは何か」についての叙述である。[*1] 彼は次のように述べる。

かつて私の心のうちに入ってきた一切のものは夢に見る幻影とひとしく真ではないと仮定しようと決心した。けれどもそう決心するや否や、私がそのように一切を虚偽であると考えようと欲するかぎり、そのように考えている「私」は必然的に何ものかであらねばならぬことに気づいた。そうして「私は考える、それ故に私は有る」というこの真理がきわめて堅固であり、きわめて確実であって、懐疑論者らの無法きわまる仮定をことごとく束ねてかかってもこれを揺るがすことのできないのを見て、これを私の探究しつつあった哲学の第1原理として、ためらうことなく受け取ることができると、私は判断した。

次に、私とは何であるかを注意深く検査し、何らの身体をも私が持たぬと仮想することができ、また私がその中で存在する何らの世界も、何らの場所もないと仮想することはできるが、そうだからといって私が全く存在せぬと仮想することはできないこと、それどころではない、私が他のものの真理性を疑おうと考えるまさにそのことからして、私の存在するということがきわめて明証的に、きわめて確実に伴われてくること、それとはまた逆に、もしも私が考えること、ただそれだけをやめていたとしたら、たとえ、これよりさきに、私の推量していた、他のあらゆるものがすべて真であったであろうにもせよ、私自身が存在していたと信ずるための何らの理由をも私は持たないことになる。このことからして、私というものは一の実体であって、この実体の本質もしくは本性とは、考えるということだけである。そうして、かかる実体の存在するためには、何らの場所をも必要とせぬし何らの物質的なものにも依存せぬものであることを、したがってこの「私」なるもの、すなわち私をして私であらしめるところの精神は身体と全く別個のものであり、なおこのものは身体よりもはるかに容易に認識されるものであり、またたとえ身体がまるでないとしても、このものはそれが本来有るところのものであることをやめないであろうことをも、私は知ったのである。

これがデカルトの有名な「私は考える、それ故に私は有る（Je pense, donc je suis.）」という第一原理を導く論理である。これは推論というよりは、一つの直観と言った方がよいであろう。訳者の落合太郎は注釈の中で「普通の推理でなく、直接推理とでもよばるべきものである」と述べている。[*2] たしかに、弧絶した〈我の世界〉において明証的な形で「私」の存在を確認しようとする場合には、こうした思考の筋道にもなることはよく理解できるところである。

しかしながら、社会という〈我々の世界〉において「私」の存在を確認しようとするならば、個人の意識の中の現実より外部に向けてそれが表現されたものを互いに確かなものとして確認し合う、ということの方が大切になるのではないだろうか。この場合であるなら「私が考えている」ということを、他の人にどのように明証的な形で確認してもらうか、ということである。そうした場合には、「考えている」場としての身体（この場合には頭）が、言い換えるならば「考えている」ことを一つの部分機能として包含している一個の有機体が、問題となってこざるをえないであろう。〈我々の世界〉を成り立たせている相互のコミュニケーションにおいては、互いの意識世界が表現された言葉だけでなく、表情や仕草、姿勢や態度、さらに言えば服装や化粧の仕方までが、伝達内容の相互確認のうえで大事な手がかりになっていることを忘れてはならない。意識世界ないし自己意識と有機体自己と社会的自己の相互的な関係性が、ここで問題になってこざるをえないのである。

3　自己意識は本当の自分自身をどこまで反映しているか

意識世界は現象的には私自身にとって「すべて」であるとしても、その意識世界に時に外部から何かが突きつけられ、自分の意識している世界が必ずしも「すべて」ではないこと、さらに言えば、自分の自己意識が本当に自分自身をどこまで反映しているものなのか不明であること、を思い知らされる場合がある。

たとえば他の人達が見ている私が、私自身がそう思っている私とかなり異なっている、といった事実に不意に気づかされるような場合である。他の人と直接に会話する中で、または電話やインターネットなどを通じて間接的に会話を交わす中で、さらには他の人から便りをもらったり他の人が私について描写している文章なりに接する時に、そういう自他によるイメージの食い違いに気づかされて驚くことがあるのではないだろうか。「えー？　こんなふうに私は見られてたの、驚いた！」「あの人は私についてこう見ているらしいけど、本当の私はそんなんじゃない、全くの誤解だ！」などとつい思わせられるような場合である。

一般的に言えば、外側から「あの人はこういう人だ」と思っているところと、自分自身の内側で「自分はこういう人だ」と思っているところとでは、かなり違っていると考えた方がいい。もちろん、私達は互いに深いかかわりを持ち合う社会的関係の中で生きているわけであるから、そこでの個々人は、かなりの程度まで共有されたイメージを持ち合って活動していることは当然である。でなければ、お互いが相互に持ち合っている期待がずれてしまい、結果として期待しているところと実際とが乖離してしまって、互いに手を携え協力協同して集団的組織的な活動をやっていくことはできなくなる。たしかにそれはそうなのであるが、だいたいのところでは自分についても相手についても重要な点では共通なイメージを持ち合っているとしても、誰もが他の人には明かさない私秘的な意識世界を持っていることもあり、また自分で気づかないまま（無意識のうちに）相手に向けて表出している言動が少なからずあることもあり、互いに持ち合っている自他のイメージは、その深いところでは互いに食い違っていて当たり前、と考えなくてはならない。長年連れ添ってきた夫婦が、高齢になってからでも互いについて新たな発見をすることがある、という事実は、そうした自他についての想定の食い違いが少なからず存在するということを如実に示しているのではないだろうか。

外側から実際に他の人達に見られているところと、その人が自分は他の人達からそう見られているだろうと想定しているところ（あるいは他の人からこう見られてほしいと願っているところ）と、その人自身が外部に漏らさぬ私秘的な部分を含め自分自身についてイメージしているところとは、はっきりと区別しておかなくてはならない。「私」という存在は、基本的にそうした多重性を持っているのである。

社会的環境の中で活動している個々人は、現実には、それぞれ一個のまとまった有機体であり生命体である。これと同時に、自分自身の側から言えば、私達は外部の人達の目からは隠された（私秘的な）意識世界を持っている。その人自身が見たり聞いたり感じたりしている世界、こだわったり考えたり嬉しくなったり腹が立ったりしている世界である。そして個々人にとっては、この独自固有の意識世界こそが直接的かつ具体的な意味での「世界」なのであり、この意識の世界の他にはそもそも「世界」は存在しない。こうした意識世界を、主観的には生きていることになる。しかしながら、先にも述べたように、この意識世界を支えるものとして一個の有機体としての生命的世界があるわけであるが、われわれの意識世界には自分自身のそうした有機体的な生命活動について、ごくわずかな部分しか反映されていないのである。

4　有機体自己＝生命世界と意識世界と

どんなに意識化に努めても一点だけ意識化されえない主体的機能が残る、といった先述のデカルト的発想は、意識世界だけを考えるという立場からはそうであるとしても、生命機能全体を担う有機体自己を基盤に考えるという立場からは、大きな誤解を招く恐れがある。本来は、意識世界の基盤として広大な生命的活動の世界（有機体自己）が存在するという事実に多面的な形で気づいていかねばならない。

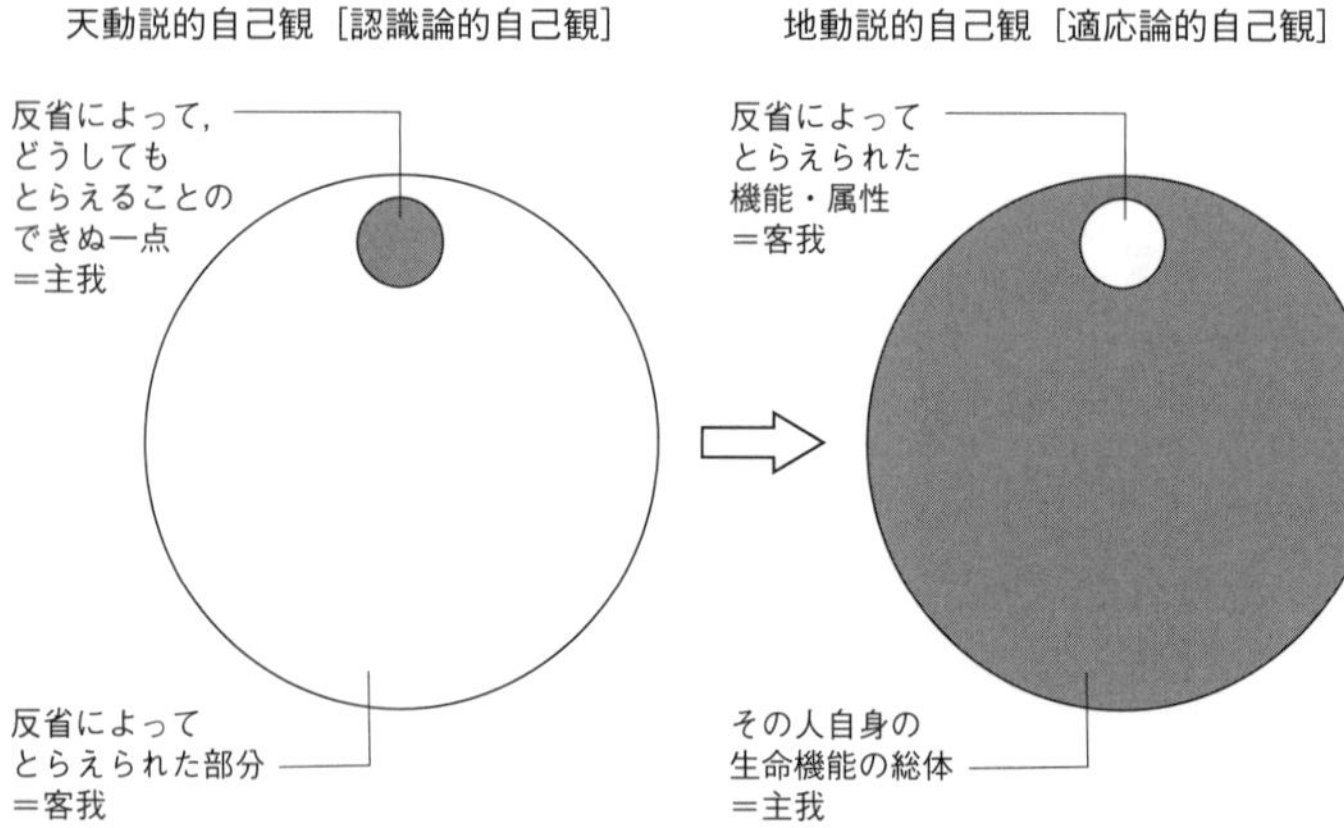

図 1-1　天動説的自己観から地動説的自己観へ

つまり、意識世界に現れているもののすべてが、そこでの自己意識として自分自身こそ生命世界全体に対する主人公であるという思い込みも含めて、生命世界という基盤から与えられたものであるということに気づいていかねばならないのである。このためには、生命的活動についての意識世界での気づきや認識を進め、意識世界そのものに対する生命的活動の支えや影響について理解を進めるなどに努めると同時に、意識内における自己内対話とそれを踏まえた決断が全有機体をあげての方向づけとなるようにも努めていかなければならないであろう。このことは、端的に言えば、図1－1に示すように、「天動説的自己観から地動説的自己観への転換」とわれわれが呼んできたところでもある。[*3]

「有機体としての私」と「意識体としての私」とは別物であるが、当然のことながら両者の間には密接なかかわりがある。有機体自己＝生命体自己であることを考えると、意識世界、特に自己意識と有機体自己との間には、（膨大な）生命活動とその（ごく一部の）意識界への反映が、多様な形で存在することはあらためて言うまでもない。こうした両者の間の連絡連携の具体について、ここで少し考えて見ておくことにしたい。

有機体自己と意識世界との最も日常的な連絡連携は、意識されたものとしての「欲求・欲望」と「内的促し」であろう。生命体は、その存続のために、あるいは発展のために、きわめて多様なものを常に要求し続けている。それが意識の場に上がってきたものが、「あれが欲しい」「これを手に入れたい」といった「欲（欲求・欲望）」である。このように意識化されてはじめて、生命活動にとって重要な意味を持つ「要求」（のごく一部）が、合理的な形で満足させられ、有機体＝生命体のために用いられることになる。また、内的な「要求」は、ある行動への「（内的）促し」という形で意識化されることもある。「あれをしてみたい」「このことをやらなくては」といった促しである。こうした「（内的）促し」によって実際の行動へと動かされていくことになるのである。

これとは少し違う形のものであるが、同様に日常的なものとして、「体験の意識化」と「記憶の想起」もある。体験そのものは生命活動の一環として常時生起しているわけであるが、その一部は意識され意味づけられて経験となる。これによって体験は意識界で位置づけを持ち、自己内対話の素材となったり、判断や決断の際の内的土台となったりするわけである。さらには、そうした体験や経験が意識されないまま常時蓄積され、ストックされていっているわけであるが、この一部が何かの折に想起されて意識の世界に入ってくることもある。

これらに加えて、生命活動そのもののイメージ化という意味を持つ連絡連携が、有機体と意識体とのインターフェイスの機能を果たすものとして存在する。夢とか空想をも含む「イマジネーション」といった形のものである。フロイトやユングら精神分析学派の人達が、内的葛藤や精神的な傷など意識世界から通常隠されているものが、夢の中に、あるいは連想の形で外部に現れてくることを指摘したことは、重要な意味を持つ。この延長線上に、その人が書いた文章や口にした言葉の中に、あるいはもっと広くその人の言動の全般にわたる領域で、当人の気づいていないその人の内的な生命活動が表に現れることがあると考えていいのである。「言い間違い」や動作のうえでの失敗などの裏に隠されている意識下の動きを探ってみようという志向は、ここから出てきていることは言うまでもない。

さらには、生命世界=有機体自己の最も深部からの、本源的自己（魂）からの導きなりメッセージなりを想定してみたくなる場合がある。ユングなら意識世界の基盤に個別的に無意識の世界が、そしてそのもっと深い基部には集合的な無意識の世界が想定されるとするが、そうした集合的無意識の世界もまたここで言う本源的自己（魂）に含まれると考えてよいであろう。たとえば誰かと親友になる、恋人になる、あるいは結婚して伴侶になる、といったことも、後から考えてみると、自分の意識世界での選択なり決断なりというより、意識していない心の深部の動きに導かれてそうなったのだと思わされることもある。人生のさまざまな岐路に立って一つの選択をする際、どうしてもそうした思いを持たされることがあるのではないだろうか。また、自分がある好みを持ち、ある志向性を持っていることに気づくといった場合にも、そのよってきたるところが自分自身の心の深部に根拠を持つように思われる場合がある。さらには、自分の人生に対する根本的な充足感のようなものも、こうした本源的自己（魂）といったところから来るように思われることが少なくない。仏教やキリスト教やイスラム教などトインビーが言うところの大宗教のそれぞれは、結局のところ、こうした本源的自己（魂）のレベルにおいて心を問題にしてきたと言ってよいのではないだろうか。

5　有機体自己と社会的自己＝社会的アイデンティティと

ここで、「私」＝自分自身ということについて、基本的な視点なり立場なりごとにそのあり方を整理しておくことにしよう。

まず「有機体としての私」＝有機体自己が存在するが、それは具体的現実的には世間とか社会という〈我々の世界〉を生きているわけである。そこでは自他に広く共有される「社会的イメージとしての私」＝社会的自己が機能することになる。そして、こうした有機体自己と社会的自己のごく一部をも反映させてはいるが基本的には個々人に独自固有の意識世界は、自分自身に対してのみ開示された「〈我の世界〉を生きる私」＝意識体自己と言ってよい。こうした意識世界は、〈我々の世界〉の側から見るならば有機体一人ひとりの顔の裏側に秘められた私秘的な内面世界ということになる。

さて、社会的環境の中で活動している有機体自己が、そのまま周囲の人々にとって共有のイメージ＝社会的自己になっているわけではない。通常は有機体自己のさまざまな現れや活動を何か象徴的なラベルに集約して意味づけ、共有されるイメージとして社会的に通用させている、と言ってよい。これが社会的自己の中核となるものとして、社会的アイデンティティと呼ばれてきたものである。

社会的アイデンティティとは、簡単に言えば、社会的環境で活動する際に個々人に貼りつけられるラベルである。そのラベルは、「〇〇地方出身」「〇〇一族」「誰々の子ども」などといった出自や、「派遣社員」「零細企業の社員」「一部上場会社の部長」「医者」「政治家」などといった職業的なもの、「男・女」「若者・高齢者」などといった社会的位置づけにかかわるものを含む社会的役割や、「ノーベル賞受賞者」「芥川賞作家」などといった周知の業績にかかわるもの、「女優」「落語家」「アイドル」など単なる職業ではなく一定のキャラクター像を呼び起こすようなもの、さらには「織田信長」「豊臣秀吉」「徳川家康」や「鈴木大拙」「湯川秀樹」などといった著名な人の場合、その人の名前自体が固有のラベルとして社会的アイデンティティとなっている場合もある。

いずれにせよ、一人ひとりはその社会的ラベルに応じて一定のステレオタイプ的なイメージを持たれ、それに相応しい一貫した扱いを周囲から受けることになる。これによって社会的差別を生むことも往々にしてあり、その点では問題があるが、社会的アイデンティティ抜きできわめて多様な一人ひとりにそれ相応の社会的対応を準備することは不可能である、ということも十分に理解しておかなくてはならない。特に社会的アイデンティティが、多様な個々人を複雑に分化した組織分業的社会の中に位置づけ、協同的に機能させるために不可欠なものである、という点については、十分な認識が必要ではないだろうか。

さて、社会的な状況で各個人は一個の有機体として他の人達と相互活動をしているのであるが、その有機体自己は社会的アイデンティティの意識によって枠づけられ、「他の人達に見せる私」(「提示自己」)として外的社会的な世界との間をつないでいる。この「提示自己」が、有機体と社会とのインターフェイスの機能を果たしていると言ってよいであろう。つまり「世間的な期待から言って自分をこのようなものとして見てもらわなくてはならない(位置づけのアイデンティティ)」「自分の気持ちとし

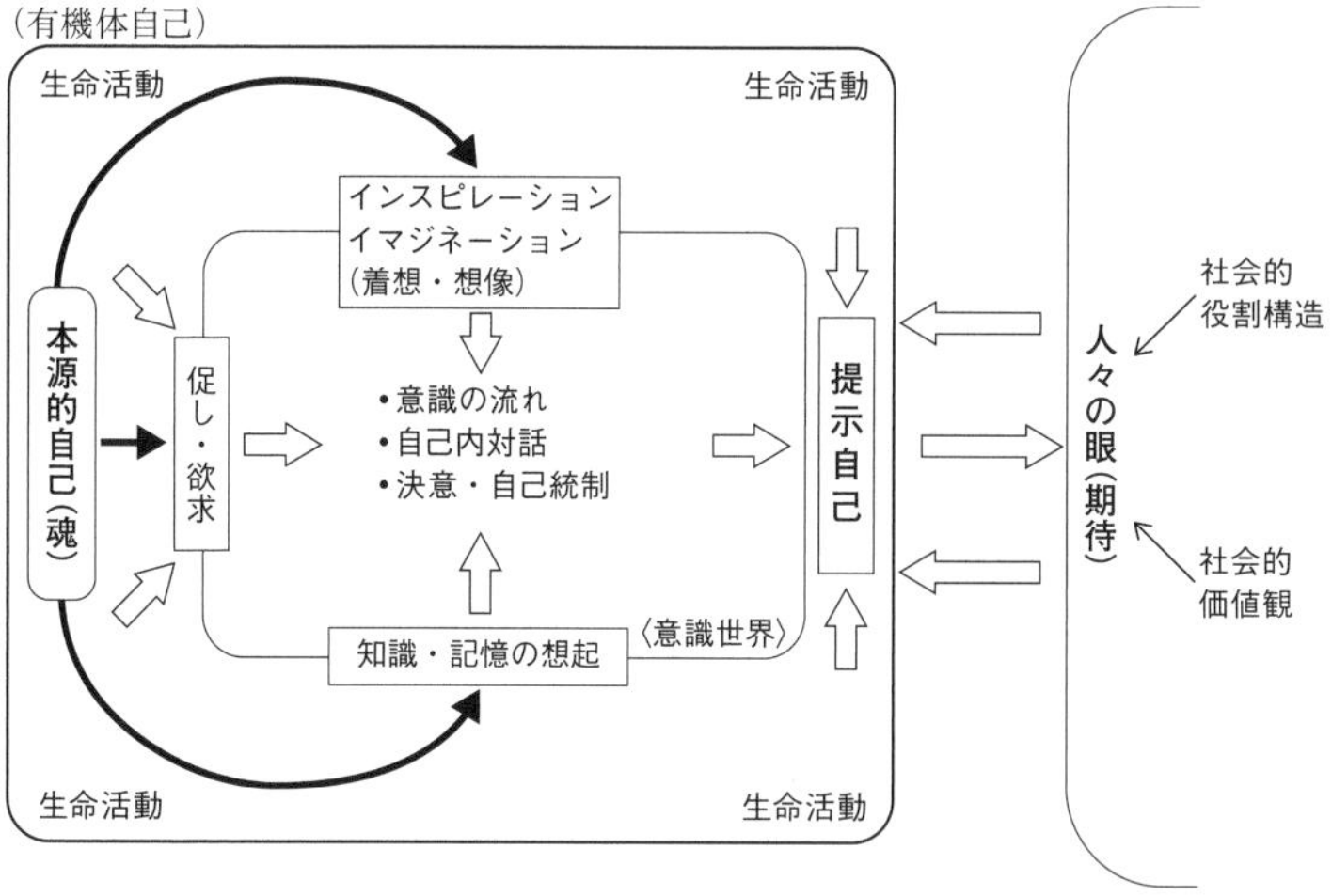

図 1-2　有機体自己・意識世界・提示自己

ては自分のことをこのようなものとして見てもらいたい（宣言としてのアイデンティティ）」という意識に沿った形で自分の服装や表情を整え、言動を整え、外的な世界に向けて表出しているのである。その整えられた外的な姿が、つまりその時その場でその相手に向けて表出された姿が「提示自己」ということであるが、それに対して周囲の人がまた表情や言動によって受容したり批判したりすることによって、意識体としての自己は自らの「自己提示」のあり方の軌道修正をはかることになるのである。

このようにして、一個の有機体としての自己は、意識世界を媒介とし、特に自己意識を大きな準拠枠として、現実的社会的な場において自分自身の社会的自己を自他で共通理解しつつ、他の人達と協力協同しながらの日常生活を生きていくことになる、と言ってよいであろう。

以上、ここに述べてきたところの概要は、図1

-2として掲げたような形で図示することができるのではないだろうか。この図をも参照して御理解いただければ幸いである。

＊1　デカルト『方法序説』落合太郎訳、岩波文庫、四一～四三頁、一九五三年（原著刊行は一六三七年）。引用に当たって、訳本の漢字表現などの一部を改めてある。
＊2　デカルト『方法序説』落合太郎訳、岩波文庫、二〇一頁、一九五三年。
＊3　梶田叡一「自己幻想からの脱却と〈いのち〉の教育」、人間教育研究協議会『教育フォーラム44』金子書房、一〇～二一頁、二〇〇九年（梶田叡一『〈いのち〉の自覚と教育』ＥＲＰブックレット、ＥＲＰ、二〇一二年）。
梶田叡一・溝上慎一編『自己の心理学を学ぶ人のために』世界思想社、一八〇～一八二頁、二〇一二年。

第2章　多様な自己提示と自己アイデンティティ——社会的期待といかに対峙するか

1　現代人の多元的自己提示

現代社会は構造的に複雑化し、個々人の担わざるをえない社会的役割が多層化し多元化している。このため現代人は、その場その場で期待される異なった「顔」を多様な形で柔軟に提示していくのが通常の姿となっている。このことは、たとえば江戸時代の日本社会のように、どのような場であっても武士は武士として、商人は商人として、それなりの「顔」の提示を期待された階層社会と比較するなら、個々人の「顔」（自己提示）の柔軟さと表現範囲が大幅に拡大している点で大きな違いがあると言ってよい。[*1]

若者の場合でも、現代社会では場に応じてきわめて多様な「顔」を提示している。私の現任大学（桃山学院教育大学）の学生であっても、常に「大学生」としての伝統的な社会的イメージに縛られているというわけでない。「〇〇コース第〇年次の学生」として毎日の講義などに出席して教員や仲間の学生に自分自身の勉強する姿を示している時には、たしかに古典的な「大学生」という社会的イメージに合致していると言ってよい。しかし時には「教員志望の学生」として地元の小学校に行き、そこの教員の方の指示・指導のまま教育活動の中に入り込んで、小さな子ども達から「先生、先生」と呼ばれていることがある。少し説明をすれば現代の「大学生」としての一つの姿であることを理解してもらえるであろうが、一見しただけでは大学生のイメージの枠を外れた部分も見られなくはないであろう。また学内の「〇〇部の部員」として、あるいは学外の「〇〇クラブのメンバー」として何かのスポーツのトレーニングに参加し、監督やコーチ、先輩達の指導の下で汗を流していたり、夜や休日には「アルバイト」として飲食店やコンビニなどで一人前の店員の顔をして働いていたりする姿はいかがであろう。古い世代の方々に対しては、これが現代の「大学生」の一般的な生活様式であるといった説明が必要な場合もあるのではないだろうか。また学生によっては時に他大学に通うオッカケ仲間といっしょにアイドルのコンサートに行って、我を忘れるほど熱狂した時間を過ごし、ということがある。こうした姿については大学生という枠を離れた現代の若者一般、ということで理解しなくてはならなくなる場合もあるであろう。もちろん、自分の家に帰って親や兄弟姉妹の前で見せている「顔」は、家族外の他人にはうかがえないそれなりのものであろうし、それが時に「それでも大学生なの」と家族から言われるなど、「大学生」としての社会的イメージとそぐわないこともあるかもしれない。

現代の大学生達のこうした姿を思い浮かべてみるだけでも、その「顔」（自己提示）は時や場に応じてきわめて多様であり、以前のような伝統的で固定した「大学生」イメージの枠に入っているかどうか疑問になる部分もないではない。しかしながら、これを一人ひとりなりに統合した形で具現しているのが現代の大学生なのである。さらには、当然のことながら、そういう彼らが大学を卒業して社会人となれば、もっともっと複雑で多岐にわたる「顔」（自己提示）を各場面に応じて示していくことになるわけである。

問題は、現代人が時に応じ場に応じてこうした多元的自己提示を普通のように行っているとして、その人自身の統一した自己規定的な意識のあり方（自己アイデンティティ）と、その時その場での多様な対他的あり方（ペルソナ＝社会的アイデンティティ）との間の関係をどのように考えていくかということである。そして、そうした自己アイデンティティやペルソナとその人自身の意識下の世界との関係、とりわけその中核とも言うべき本源的自己[*2]との関係をどのように考えるか、ということである。もちろん、そこで大きな枠組みなり対峙すべき対象なりとして出てこざるをえないのが、その人を取り巻く社会的な役割・立場の構造と、それによって規定される周囲からのその人に対するまなざしや期待の構造であることを、念頭に置いて考えなくてはならないのであるが。

2　〔位置づけのアイデンティティ〕による多様な自己提示の統一

ここでわれわれの用いてきた基本概念を少し整理しておくことにしよう。

多くの現代人は、取り立てて意識するまでもなく、一つの基本的な自己規定の意識（自己アイデンティティ）を持ち、それによって多様な自己提示のあり方に暗黙の統合をもたらしている。もう少し構造的に言えば、その人の根本的な自己規定の意識（自己アイデンティティ）が、それぞれの場におけるどのような自己提示に対しても一定の統一した枠組みを提供し、それを基本的な準拠枠として、その時その場での自己提示を行う、という形をとっている。このことは、人がそれぞれ〔基本的自己アイデンティティ〕を持ち、それを土台として、その時その場における自己認識と状況認識（周囲からの暗黙の期待を中心とした状況判断）にもとづく〔TPO的自己アイデンティティ〕（この時この場では自分はこうした社会的存在・立場であるとの認識）を持つということ、そして、それにもとづいてその時その場での〔自己提示〕（ペルソナ＝TPO的な社会的アイデンティティ）を行うということ、として理解することができる。周囲の人達は、その人の多様な〔自己提示〕の総合体として、またそこでの特に印象的な〔自己提示〕のあり方に焦点化された形で、その人の基本イメージを形成していくわけであり、それを自他交流の中で受け止めて総合する形で、「私は皆からこのような存在＝社会的立場の者とされている」といった〔基本的な社会的アイデンティティ〕を形成していく、ということになるわけである。

こうした概念枠組みでいくと、江戸時代の武士階級に属する成年男子の場合は、図式的に単純化して言えば、自分自身を「武士」であるとする〔基本的自己アイデンティティ〕を常時持ち、どういう場でもそれに相応しくあろうとしてきたことから〔TPO的自己アイデンティティ〕が基本的にそれに一致する形となり、それに応じた〔自己提示〕をそれぞれの場でするところから〔基本的な社会的アイデンティティ〕もまた「武士」という形で統一されていくことになる。したがって、ここであげた三種のアイデンティティをことさらに区別しなくても差し支えない、ということにもなるのである。

しかしながら現代人の場合には、〔基本的自己アイデンティティ〕がそもそも希薄であることが多く、また〔TPO的自己アイデンティティ〕が多様になっていて、時には統一が取れない場当たり的なものになっていることもあるほどである。したがって、その時その場での〔自己提示〕の総合によって周囲の人達がその人に関して個別的な個人認識（あの人はあの人らしい）を持つにしても、社会的な役割・立場との関係において共通の統一した形で〔基本的な社会的アイデンティティ〕（あの人は結局のところ〇〇である）を持つことは必ずしも容易でない、といった状況になっているのではないだろうか。

　先にあげた学生達が、自分自身について何よりもまず自分が将来「学校教師」になるという志を持ち、そのためにこそこの大学（桃教）に来ているのだ、ということであるならば、「教師志望者としての桃教学生」という〔基本的自己アイデンティティ〕を持っていることになる。その場合、暗黙のうちにその自己規定を土台として生活していくことになり、自分が講義などに出て勉強している姿は「桃教学生としての本分」ということになるであろうし、小学校にうかがってインターンシップ的な活動に参加している姿は「将来の自分の職業生活に向けての予行演習」ということになるであろう。また、スポーツの練習に熱中して参加している姿は「学生時代に好きなスポーツに打ち込むことによって体力と気力などの人間力を身につけるといった課外活動」ということになるであろうし、アルバイトに勤《いそ》しんで社会人並みに働いている姿は「桃教での学生生活を経済的に支えるために不可欠な労働」ということになるであろう。さらには、仲間と時にアイドルの追っかけをし、我を忘れた時間を持つのは、「桃教学生であったとしても時に必要となる自由で爆発的な情緒的発散」の姿、ということになるのかもしれない。つまり、どのような場でどのような自己提示の姿を現出するとしても、「桃教学生」という〔基本的自己アイデンティティ〕の枠の中で、またそれを原則として、言動しているということになる。そして、それをまた自他ともに認め得るということになれば、その学生に関する〔基本的な社会的アイデンティティティ」もまた「教師志望の桃教学生」というものになるであろう。こうした統一的なあり方が実現していくとするならば、周囲からの社会的位置づけ（ラベルづけ）に依拠した多様な〔自己提示〕が自然な形で、特別な自覚をともなうこともなく、行われていることになり、非常に安定したものとなる。こうした形でのアイデンティティの統合ないし自己規定の仕方は、まさに社会的ラベルの貼りつけとそれにかかわる期待を土台とした〔位置づけのアイデンティティ〕の性格を強く持つものである。

しかしながら、実際にはなかなかここまでは至らない、というのが実情ではないだろうか。

3 〔位置づけのアイデンティティ〕からの脱出、あるいは脱落（見失い）

先に述べたような〔位置づけのアイデンティティ〕を基盤としたアイデンティティの統合は、現代日本の大学生の誰にとっても自然な形でスムーズに実現するわけでない。

先日もわれわれの学生の一人が、「学外でやってきたダンスのレッスンの方が今の自分にとって大事であると思うので」と退学届を提出してきた。ダンスのトレーニングを続けてその道でやっていく、という「志」がだんだん強くなり、「自分自身が桃教の学生である」という自己規定の枠がむしろ邪魔になってしまった、という趣旨での転身の申し出である。新しい自己規定にもとづいて自分の人生の次のステップに進んでいく、ということならばそれはそれでいい。その場合には新たな〔志のアイデンティティ〕によって、以降の自己提示のあり方を一新するということであり、次の展開に向かっての旧来の〔位置づけのアイデンティティ〕からの脱出になるわけである。しかしながら、実際には「桃教の学生」というそれまでの〔基本的自己アイデンティティ〕を受け入れられなくなっただけで、「ダンスの道に専念する」という新たな自己規定が本当はいまだ曖昧模糊としたものではないか、つまり旧来のアイデンティティからの「脱落」（見失い）ということでしかないのではないか、という心配がないではない。それまでの〔位置づけのアイデンティティ〕からは脱却したが、それによって現実にはいまだ何の展望も見出していないのでは、といった不安である。

　こうした形でのアイデンティティ変更だけではない。今の学生達の中には、日常的にはその場その場で期待される多様な自己提示をこなし続けていきながらも、自分自身のそうした現状に不充足感なり挫折感なりを持ち、そうした自分自身の姿を統合し統一する自己規定（アイデンティティ）を、少なくとも自我関与した（自分なりの内的必然性を持つ）形では持てない、という場合が見られる。われわれの学生で言えば、いちおう「桃教の学生」としてやっているけれども、それが自分自身に必ずしもしっくりしていない、あるいはそれは仮の姿である、といった気持ちしか持てないということである。

　その一つが、不本意入学の問題である。第一志望の大学に落ち、第二志望か第三志望、あるいはそもそも志望外であった大学に入学した、という場合である。自分が最終的に入学した大学に対して「これもまた御縁だから」と考え、自分のことを「〇大生」としてあらためて受け入れることができればいいのであるが、そうはいかない場合の問題である。そうした不本意入学者の場合、その大学の学生であるとして周囲から扱われることにも、自分自身がその大学の学生として期待されているところを行うことにも、いささかの抵抗感があることになる。さらには自分自身がその大学のキャンパスに身を置いていること自体が、そしてそこで否応なしにその大学の学生としてふるまっていること自体が不本意である、という気持ちがどこかにないわけでないということもある。こうした気持ちが何かのきっかけで一新されて、本気で自分の現状を受け入れるということになればいいのであるが、そうでないならその大学を退学し、以前第一志望だった大学なり何なり自分自身がそこの大学の学生であるという自己規定ができる範囲の大学を受験し直すしか道はない、ということになる。現在の〔基本的な社会的アイデンティティ〕を脱出し、自分自身に余儀なくされていた〔仮装的アイデンティティ〕を脱却して、新たに安定した〔位置づけのアイデンティティ〕を求める、ということである。

もう一つが、大学生活の中途での挫折にともなう問題である。私の前任校であるN大学は野球部が強く、神宮球場での全国大会に毎年のように出場してきたという実績がある。そうすると、野球をやりたいから、神宮球場でプレーしたいから、ということで入学してきた学生も少なからずいるわけである。そうした学生達が野球部に入って順調に毎日の練習に参加し、対外試合にも選手や応援要員として参加している間はいいのであるが、先輩や同輩の野球部員と自分とを比較して、このままでは自分は正選手になれないのではないか、神宮球場でプレーするなど夢のまた夢でしかないのではないか、と考えるようになった時が問題である。二年次三年次になると、現実に、このままでは自分は野球で大きな舞台に立つことはできない、と考えて退部する学生が出てくることになる。そうした学生の場合には、当然のことながら、新たな自己規定の仕方を模索しなくてはならなくなる。野球を断念して、その大学の学生として他の学生達と同様の生活様態に切り替え、自分を野球部抜きの「N大学生」として規定し直すことができれば上々である。しかしながら、少なからぬ元野球部学生は目標を見失い、アイデンティティの組み直しができないまま古い〔基本的自己アイデンティティ〕が脱落しただけの空白状態となり、先の見通しがないまま退学していくということになる。これは小中高校とスポーツに熱中し、その延長上で大学生になった若者達のかなり大きな部分に、現在生じている深刻な問題と言ってよい。

名門野球部所属の学生としての〔位置づけのアイデンティティ〕＝〔基本的な社会的アイデンティティ〕がもはや自分自身に何の誇りも満足感も与えないものとなり、それを脱却してみたら〔アイデンティティ喪失〕の状態に陥ってしまい、〔新たなアイデンティティの模索〕を余儀なくされている、というわけである。この問題状況がうまく解決されないと自堕落になって、精神的に不安定なまま行き当たりばったりのその日暮らし的な生活になってしまったり、酷い場合には引きこもりになってしまうこともある。機会を見つけて声をかけ、必要な支援の方途を考えていかなければならないケースである。

ここで見てきた〔位置づけのアイデンティティ〕への安住、そこからの脱出と新たな〔志としてのアイデンティティ〕の確立をめざす歩み、あるいは従来のアイデンティティからの脱落による〔アイデンティティ喪失〕の状態、そこからの〔新たなアイデンティティの模索〕といった姿は、現代社会においては単に若者だけでなく、老若男女を問わず現代人の誰もが、生涯の各段階において多かれ少なかれ経験するところではないだろうか。

4 〔位置づけのアイデンティティ〕への安住であっても

実は多くの人は、人生の各段階において、その時期その時期なりの〔位置づけのアイデンティティ〕に安住していると言ってよい。先にふれた学生の場合でも、「桃教の学生」を卒《お》えれば、学校教師になるか、警察官などの公務員になるか、企業の社員になるかということになる。そして無事にそうした就職が実現すれば、「小学校の教員」とか、「警察官」とか、「〇〇社の社員」という新たな〔位置づけのアイデンティティ〕を獲得して安住し、そのアイデンティティを踏まえた自己提示をしていくようになる。

こうした意味での過渡期に当たる学生時代後期の就職活動（就活）を通じて、卒業後の社会的進路の模索と準備という形で〔新たなアイデンティティの模索〕を行うことになる。そして就職したとしても、また転職の際に、さらには定年退職などの形で職業生活から引退する際に、こうした〔新たなアイデンティティの模索〕と、次の〔位置づけのアイデンティティ〕の獲得というプロセスを経験せざるをえないことになるであろう。もちろん、こうした際における次の時期の〔位置づけのアイデンティティ〕は、少なくともその当初は、〔志としてのアイデンティティ〕である場合もあることに留意したい。また、基本的にはその時期その時期の〔位置づけのアイデンティティ〕に安住する形でやっていくとしても、それとは異質の〔志としてのアイデンティティ〕を心に持ち、時と場によって両者を使い分けての自己提示を行うということになる場合があることにも留意したい。

このように、留意すべき点はいくつかあるにしても、われわれの基本的な自己規定＝アイデンティティの基本は、その時々の〔位置づけのアイデンティティ〕である、ということになるのではないだろうか。こう考えるならば、多元的な〔自己提示〕と〔基本的自己アイデンティティ〕との関係も、〔位置づけのアイデンティティ〕を基本において、それとの関係のうえで考えていく、ということにならざるをえなくなるであろう。

周囲の人達からこういうものとして見られ、それを前提として周囲の人達とつき合っていくという〔位置づけのアイデンティティ〕は、何よりもまず社会的アイデンティティであり、個々人をその社会の位置・役割体系に組み込むものである。われわれは普通、それをそのまま自分自身の〔基本的自己アイデンティティ〕としても、つまり基本的な自己規定としても用いている。こうした中では、自分自身の自己規定（アイデンティティ）は、周囲の人にとっても自分自身にとってもいちおうしっくりしたものであり、そこに安住することにあまり差し障りがないということになる。

しかしながら、いちおうは安住しているとしても、その自己規定をどこまで自分自身のものとして受け入れることができるのか、といった自我関与の点での濃淡の問題がないわけでない。自分自身は基本的にそのアイデンティティそのものとして何の疑問もなく生きていっている人と、そのアイデンティティはあくまでも今ここだけのものであるという感じをどこかに持ってやっている人との違いが想定されるのである。さらに言えば、この〔自己提示〕は〔基本的自己アイデンティティ〕から言って、しっくり受け入れることができるものであるけれど、これはいちおうここだけの仮のものとしての自己提示でしかない、といった形で、その時その場での〔自己提示〕の姿それぞれが基本的な自己規定との間に持つ関係性の濃淡の違い、ということも考えておかなければならないであろう。

5　アイデンティティとの連関から見た自己提示の主要タイプ

いずれにせよ、こうした意味での各種の濃淡を考慮するならば、〔位置づけのアイデンティティ〕と何らかの形で上手に対応しているとしても、言い換えるならばその人の〔自己提示〕のあり方を基本的には社会が受容しているとしても、現代社会における個々人の比較的安定した〔自己提示〕のあり方として、以下のようなタイプを考えてみることができるのではないだろうか。

〔タイプ1〕　場の空気や自分の気分によって自在に〔自己提示〕する〈自由人型〉

　周囲にどう思われるかにも自分はどういう人でありたいかにもこだわらないで、その時その場で、まさにその場の空気や自分の頭に浮かんだ想念のまま自由自在に〔自己提示〕しているといった印象の人が、時に見られる。有名タレントや各分野で著名な人が、インタビューを受けた折などにこうした姿を示すこともある。自分に対する社会的期待にもこだわることなく、自分自身に対して固定した期待を持っているわけでもない、その場その場に応じて天衣無縫で自由自在に生きている、という姿の自己提示である。これは実際には、その人自身が自らが自由人であることの誇示、その意味での自己の〔志ないし宣言としてのアイデンティティ〕の是認を求めてのデモンストレーション、と思わざるをえないこともないではない。いずれにせよ、これが本当に功を奏しているならば、社会的な功罪は別として、その個人にとっては幸せなことと言えよう。

〔タイプ2〕　〔基本的な社会的アイデンティティ〕に準拠した〈社会順応型〉

　現代人には一番多いタイプであり、その人に与えられている社会的な位置・役割に関する基本的な規定（「大学生」「小学校教師」「保育所の保母」「警察官」……）をそのまま〔基本的自己アイデンティティ〕とし、それを準拠枠として多元的な〔自己提示〕をそれぞれの場でやっている、というもの。無自覚なままそうしている場合も多いが。

〔タイプ3〕〔基本的自己アイデンティティ〕を大事にする〈本来の自己優先型〉

〔基本的自己アイデンティティ〕がそのまま〔基本的な社会的アイデンティティ〕とはならない、ということも現代社会では往々にして見受けられる。たとえば音楽の演奏家をめざしてやってきたが演奏家の仕事では食べていけず、学校の音楽教師をしながら時にコンサートに出演して演奏家としてふるまう場も持つ、といった人のような場合である。多くの時と場では学校の音楽教師という社会的アイデンティティに沿った〔自己提示〕をしているが、コンサートの場では演奏家としての〔自己提示〕をする、といった使い分けを自覚的に行っていることになる。画家や小説家など芸術の各分野においては、自己の志す道で成功した少数の人以外は、こうしたアイデンティティの使い分けをしつつ、社会的に認められない（その道では食べていけない）〔自己アイデンティティ〕を放棄するまでのかなり長い人生を、こうしたアイデンティティ使い分け型としてやっていくことがある。しかしながら、社会的期待と無関係な〔基本的自己アイデンティティ〕を放棄することなく社会的に成功した人の場合でも、たとえば森鷗外のように、小説家という〔自己アイデンティティ〕と軍医の高官という〔社会的アイデンティティ〕を場によってうまく使い分けながら生涯を送った人の例も見られないではない。

〔タイプ4〕〔志ないし宣言としてのアイデンティティ〕を追求する〈自己固執型〉

現代社会では時に、それまでの会社員などの職を放棄して僻地や離島に移住し、自分だけで、あるいは少数の家族とともに、畑を耕したり家畜を飼ったり、あるいは民宿を営んだりして、〔社会的アイデンティティ〉とは無関係の〈自己アイデンティティ〉を重視した生活をする人のことがマスコミに取り上げられて話題となる。現代社会が基本的には豊かな社会となり、必ずしも社会的な位置・役割構造の中にきちんとした位置づけを持たなくても自分や家族の衣食住をまかなうだけの経済的条件を持つことが可能となった、ということの証査であろう。〈我々の世界〉に無頓着な形で〈我の世界〉重視の生活が送れる、という一つの夢を具現化したシンボル的存在としてマスコミが取り上げるのであろうか。

ここにあげた四タイプは、いずれも、社会的に与えられた〈位置づけのアイデンティティ〉に対してうまく対応し、ある意味でそこに安住できる自己提示様式を獲得したものと言ってよい。先にふれたように、ここにいたるまでに、〈アイデンティティ喪失〉、あるいは〈仮面的アイデンティティ〉の状態を何らかの形で克服することによって実現するものであることは、あらためて言うまでもない。〈我々の世界〉をどう生きるか、〈我の世界〉をどう大事にしていくか、ということを考えていくうえで、十分に検討してみるべき点を含むのではないだろうか。

＊1　梶田叡一「現代社会におけるアイデンティティ――マルチなあり方と新たな統合の道と」、梶田叡一・中間玲子・佐藤徳編『現代社会の中の自己・アイデンティティ』金子書房、二〇一六年（『自己意識論集Ⅲ　意識としての自己』東京書籍、第6章として収録）を参照されたい。

＊2　梶田叡一「自己意識と有機体自己と社会的自己と」『奈良学園大学紀要』第2集、四三～四九頁、二〇一五年三月（本書の第1章として収録）、また、梶田叡一『内面性の心理学』大日本図書、九二～一〇九頁、一九九一年を参照されたい。

第3章　心の構造をめぐって――意識の世界から本源的自己まで

1　内的自己のあり方

「こころ」とは、何よりもまず、一人ひとりの内面にある世界のことであろう。この内面世界とは、一人ひとりの内面のスクリーンに映っている光景であり、また、そうした光景のどこにどうこだわるか、といったその人の内的な反応のあり方である。これこそ、一人ひとりに対して現象的に与えられている世界、その人によって生きられている世界、と言ってよい。

しかし、内面世界は単にそれだけのものではない。意識的現象的な世界の背後に、それをそのような形で成立させている暗黙の何かを想定せざるをえないのである。ここでは、これを内的自己と呼んでおくことにしたい。

この内的自己については、個々人の意識的現象的世界のあり方にもとづいて、その様相をある程度まで推察することができる。しかしこれは、何らかの形で直接的に観察可能な実体ではない。内的自己とは、基本的には、各自の現象的世界のあり方を総合的に理解するための構成概念ないし仮説構成体という性格を持つものと言ってよい。したがって、内的自己は果たして実在のものなのか、といった議論には本来なじまないことに注意しなくてはならない。

こうした意味での内的自己については、少なくとも以下のような点を念頭に置いておいた方がよいであろう。

(1) 内的自己は、各自のハードウェア（心身の諸機能）的土台に枠づけられつつも、その人の累積された体験と、その意識的無意識的な経験化を中核として形成される。

(2) 内的自己は、意識された世界の情景に確固とした基礎を与える実感・納得・本音の世界を、その重要な構成要素として持つ。

(3) 内的自己は、意識された世界に、ある方向への「渇き」や「促し」（衝動や欲求、希求）をもたらす。

(4) 内的自己は、さまざまな情報を統合し、一つの結論・決断へと導く枠組みないし道筋（時には合理的、時には心情的）を準備する。

2 内的自己と現象的世界および外的世界との関係

こうした形で考えられる内的自己自体についての検討に入る前に、内的自己全体と意識的現象的世界との関係、さらには外部に提示された自己との関係、について少し考えておくことにしよう。ここで特

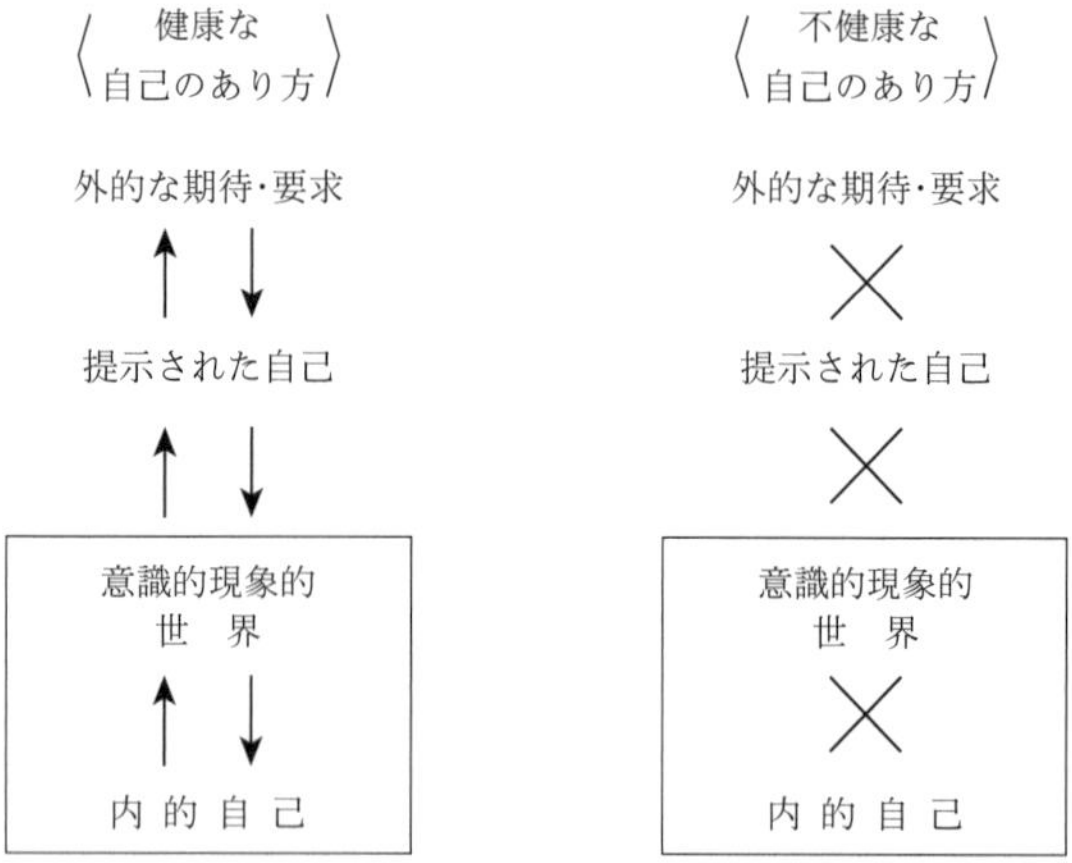

図 3-1　健康な自己のあり方と不健康な自己のあり方

に重要な意味を持つ視点は、人の精神的な健康も活力も、その意識世界や自己提示が「内的自己」にどの程度まで根ざしているかによって左右されるのではないか、という点である。この間の事情について、摸式的に、図３－１に示すような基本的あり方の違いを考えることができるであろう。

　この二つのうち、当然のことながら、「健康なあり方」としたタイプのものが理想である。周囲からの多様な期待・要求に合わせて自己を提示するとしても、それがあまりにも仮面的なものとならないよう、自己の意識的現象的な世界との関連づけに努め、同時に外的な期待・要求が自分にとって無理なものとならないよう、自己主張的自己提示をするなどの働きかけもする。また意識的現象的な世界が、常に「内的自己」にしっかりと根ざしたものになっているよう、相互の関連づけの確保に努める。こういった形で自己の内部と他者との間に相互往復的な関係が成立していく、というのが「健康的なあり方」ではないだろうか。しかし、

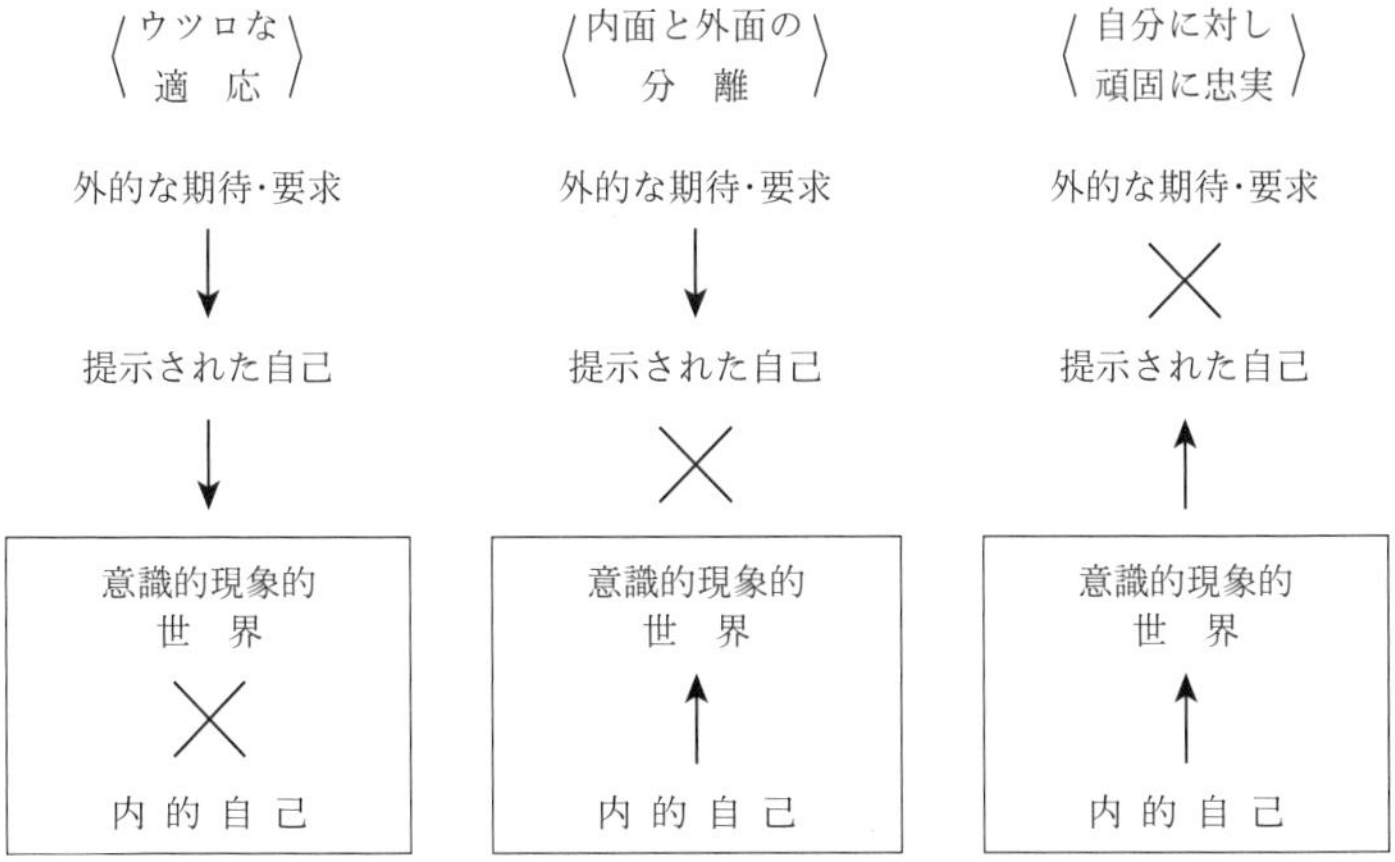

図 3-2　現実に見られがちな自己のあり方

これはなかなか、実際には実現困難と言ってよい。

　これに対して、「不健康なあり方」として示したタイプは、極端な形のものであって、提示された自己のあり方が外部的な期待や要求とも一致せず、またその人の内面世界とも一致していない、というものである。さらには、その内面世界の中でも意識的現象的な世界が内的自己のあり方を反映していない、という問題を抱えている。こういう場合には、活力を持って主体的に生きていくことなど、とうていできないであろう。

　しかし現実には、人の自己のあり方は、ここであげた「健康なあり方」と「不健康なあり方」の中間的なものとなるのではないだろうか。たとえば、現代人の場合、外部からの期待や要求に合わせて自己を提示することが多く、しかもそれに合うような形で意識的現象的な世界のあり方までが規定されてしまう、ということが少なくない。これをここでは「ウツロな適応」と呼んでおくことにしたい。この場合には、「ベキ」とか「ソン・トク」などが行動の原理になることとなる。また、「内的自己」は表出されることのないまま暗闇の中での衝動としてとどまらざるをえないことから、不安定な内面世界を抱え込んでしまうことにもなる。

図3-2に示すように、「ウツロな適応」の他にも、現実に見られる自己のあり方をいくつか、典型的タイプとして想定してみることができるであろう。その一つは、「内面と外面の分離」とでも言うべきあり方である。これは、外部からの期待や要求に合わせる形で提示された自己と、意識の世界も内的自己の世界も別立てになってしまっているというあり方である。十分に自己の仮面性を意識して発言し行動している人の場合などがこれに当たると言ってよい。もう一つは、「自分に対し頑固に忠実」であろうとするあり方である。これは、外部からの期待や要求とはかかわりなく、自分自身の内的自己、意識世界、外部への自己表出の間に一貫性を持たせようと努めるあり方である。自分に対して忠実であろうとするあまりに、頑固になり、時に偏屈と呼ばれ、社会的には不適応の状態になる場合が多いのではないだろうか。

いずれにせよ、「健康な自己のあり方」として示したように、内的自己に支えられた意識的現象的世界という内面世界のあり方、そうした内面世界に支えられると同時に、外部からの期待や要求にも十分こたえることのできる自己提示のあり方、こそが望ましいものなのである。したがって、さまざまな形で現れている障害を乗り越え、そうした「健康なあり方」に近づいていくよう教育していくことこそが、人格教育、人間教育、の基本課題と言ってよいであろう。われわれが従来、「自らの実感・納得・本音に根ざした発言・行動ができる人間を育てること」、さらには「各人が依って立つべき実感・納得・本音の世界が豊饒なものへと深まるよう、〈揺さぶられる体験〉〈反省・自覚〉〈話し合いによる相互の練り上げ〉などを重視した教育を進めること」を提唱してきた趣旨がこうした基礎を持つことを、再確認する必要があるのではないだろうか。

3　こころの基本構造──内的自己の三つの層

われわれの意識的世界を支え、規定している内的自己は、さらに、次のような三層に分けて考えられるのではないだろうか。この三層は、深部に行くほど、当人にも意識されにくいものとなり、また外部からもうかがいにくいものとなるであろう。

〔最浅部／暗黙の概念世界〕　自分自身にも十分に意識されない暗黙の見方や認識、概念構造からなる領域。自己概念・人生観・世界観といった形をとる場合もある。これが意識世界を直接的に支え、規定する。

〔中間部／実感世界〕　体験の累積によって成立した実感からなる領域。自分にピンときたもの、自分にそう感じられざるをえないもの、等からなるものと言ってよい。この一部は暗黙の概念世界にも、意識世界にも反映されるが、その全容は必ずしも自分自身に気づかれているわけではない。

〔最深部／深層世界〕　「魂」とでも呼ぶほかない本源的自己の領域。意識されないまま感覚・実感や本音の最も基本的な土台となる。また渇きや促しをもたらす基盤ともなる。夢、自発的な遊びやイメージ、「偶然の」出会い、などが、その人のこうした深層世界のあり方の一端を示してくれることがあ

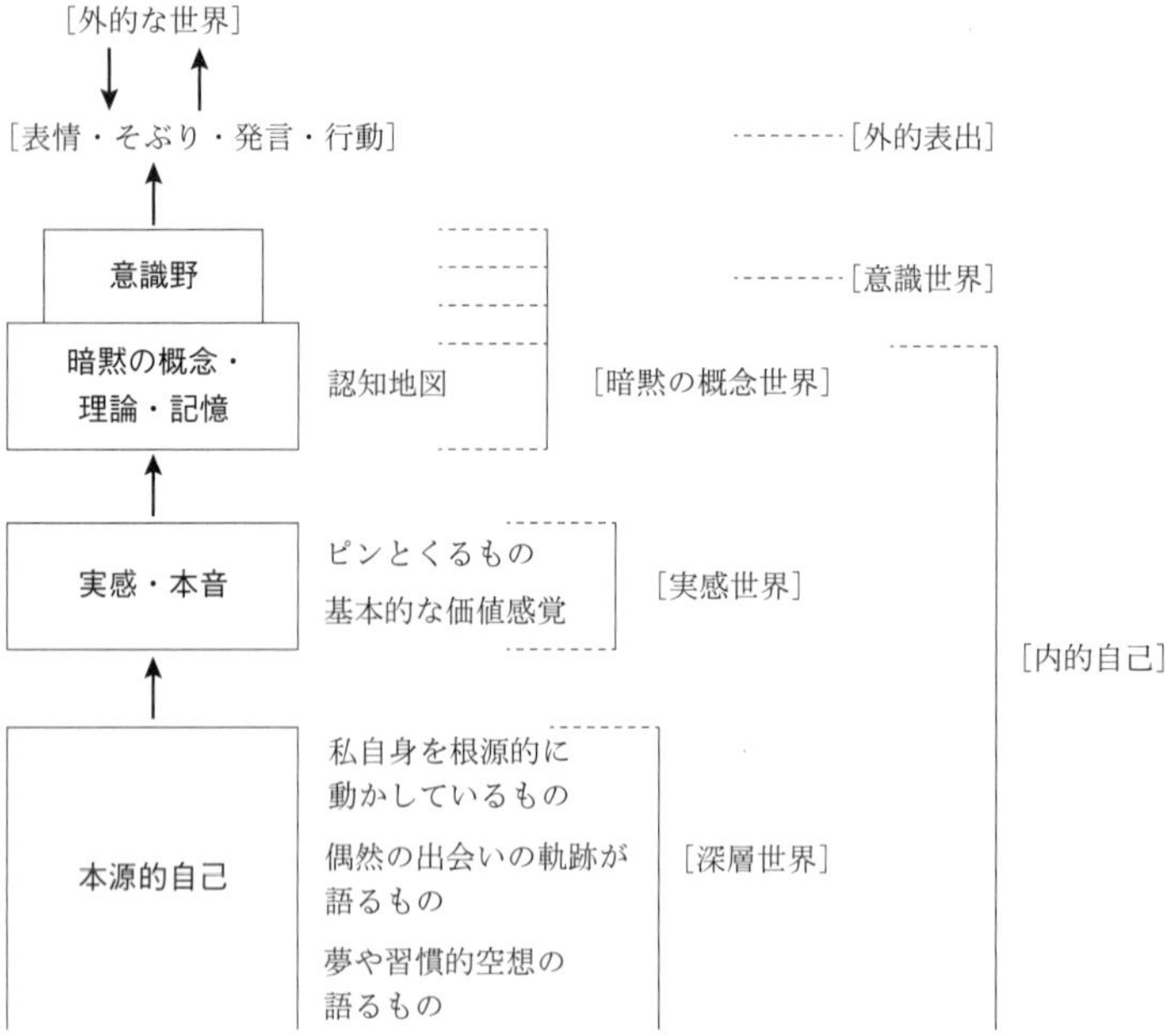

図 3-3　内面世界の基本構造

るかもしれない。また神仏の「はからい」や摂理を感じ取るのも、こうした深層世界の働きと言ってよいであろう。しかし、こうした深層レベルでの心の働きに気づかない人も少なくない。基本的には、老練な人の自他に関する深い洞察によってはじめて、こうした深層世界のあり方の一部が見えてくるであろう。

これを図示したのが、図３－３である。この図から、外部に表れてくる表情やそぶり、発言や行動が、外的な世界の要求や構造によって規定されると同時に、まずその人の意識世界によって、さらにはその背後にある暗黙の概念世界によって、支えられ、規定されていると考えられること、また意識や暗黙の概念構造の世界の背後に、実感の世界が、さらには魂とでも呼ぶべき深層世界が控えていると考えられること、といった事情をおおまかに読み取っていただければ、と思う。

さて、自己認識とか自己概念と呼ばれるものは、このモデルにおいては、どのようになるのであろうか。結論的に言えば、これらは基本的には暗黙の概念世界に属するものであり、それが意識世界に投影されて、その時その場での自己イメージや自己へのこだわりになるわけである。しかし、実感世界に累積された自己に関する体験、すなわち自己に関する実感と、自己イメージや自己概念とが微妙に食い違うことがないわけではない。ましてや、本源的自己の現実は、多くの人の場合、自己イメージや自己概念にほとんど反映されないのではないか、と思われてならない。本源的自己のレベルにまで自己洞察を深めることは、後でも述べるように、必ずしも容易なことではないからである。

4　体験の経験化について

もう一つ、体験とその経験化の問題についても考えておくことにしたい。体験の中にも意識レベルのみで受け止められ、処理されてしまうものがある。この場合には、「思い出」はできても、「経験」とはならない。実感や本音が揺さぶられるような体験であってはじめて、経験化されていくのではないだろうか。もっと深いレベルでは、最愛の人の死に直面したとか、最も信頼していた人に裏切られたという場合のように、「心の傷」として、「魂」のレベルで体験が受け止められ、基本的な経験として結晶化し、

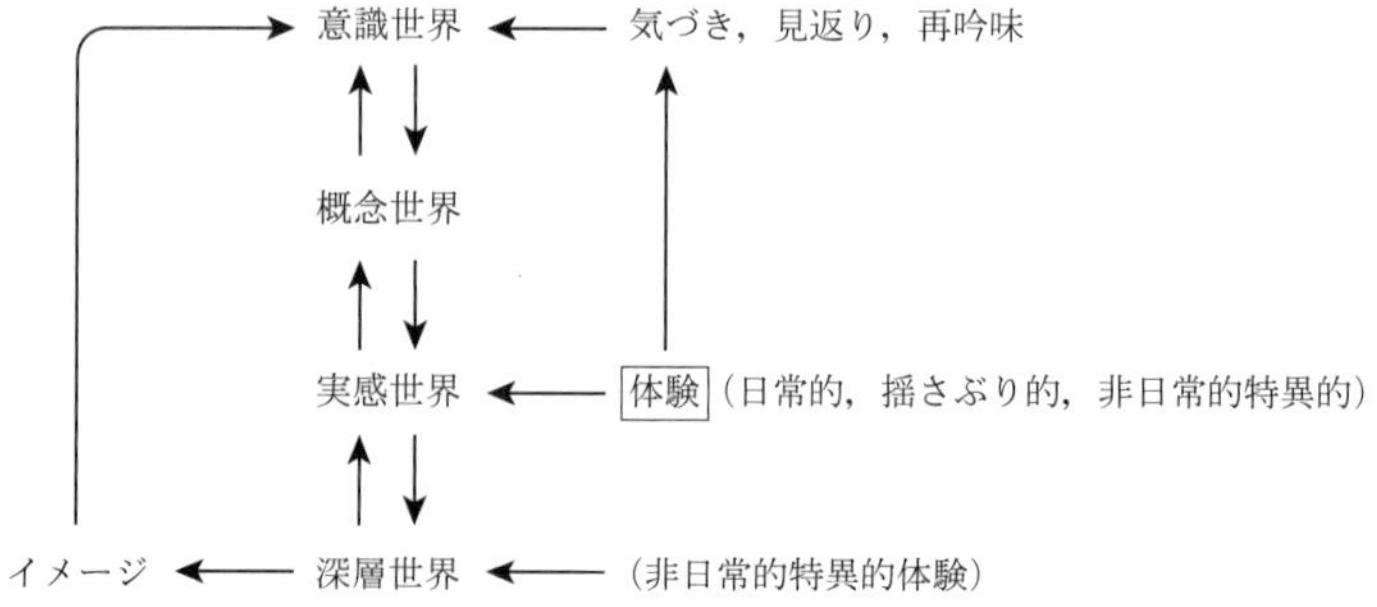

図 3-4　体験の経験化のプロセス

その後のその人のあり方を最深部において長期間規定してしまう、ということもあるであろう。

体験がどのような形でその人を変えていくかについては、大別して次の三つの場合があるのではないだろうか。

(1) 体験が直接的に感性（関心の持ち方、考えや判断の内的準拠枠）を変えていく。

(2) 体験の気づき・見返り・再吟味によって物の見方・考え方が変わっていく。

(3) 特別の非日常的特異的体験によって深層世界にクサビが打ち込まれる。

それぞれの場合、体験が心のどのレベルで受け止められ、どのように経験化されるかについては、図3-4のようにまとめてみることができるのではないだろうか。

5　内的自己に着目した場合に浮上してくる主要な課題

さて、こうした形で内面世界の基本構造を考えてみた場合、そこからどのような問題なり課題なりが浮かび上がってくるであろうか。

内面世界のあり方を考える場合、最も基本的には、「健康な自己のあり方」をどのようにして実現するか、という大課題があると言ってよい。これは、もう少し具体的に言うならば、先にその大要を見たように、外的世界と内面世界とが調和したものになっていくこと、さらには内面世界の各層が相互に通じあい、一貫し調和したものになっていくこと、そして最終的には、最も深層の世界に根ざした形で実感の世界、暗黙の概念の世界が成立し、その上に立った意識の世界、発言や行動の世界が成立する、といったあり方が実現することである。こういった内面世界のあり方ができ上がっていくことこそ、一人の人間としての成長・発達を図っていくうえで基本的な課題となるはずである。こうした視点に立って、よりいっそう具体的なレベルで、いくつかの重要な課題領域を明らかにしてみることにしよう。

まず第一の課題領域は、〔提示された自己〕と〔意識世界〕との連携、一致を深める、というものであろう。

われわれは社会で一定の役割を果たしていかねばならず、また周囲の人からの期待と要求に絶えずさらされざるをえないため、この両者の間にどうしても裂け目が生じがちである。しかし、外部への発言や行動と内面の意識とが別々のものであるかぎり、われわれは力強く生きていくことができない。だからこそ、古来、「知行合一」、「裏表なし」、といったことが強調されてきたのである。子どもの世界でも、悪い意味で「優等生」とか「先生のお気に入り」と呼ばれる場合、この両者の間に亀裂が存在することが少なくない。十分に留意したい点である。

この課題への対応として、具体的には、できるだけ仮面的自己提示を脱し、素直にありのままの自分をさらけ出す、ということがまず必要となるであろう。この一環として、感受性訓練やエンカウンターグループなどの形で行われているように、自己の感じていること、思うこと、願うことなどを、できるだけ外的に表現し、表出していく、という訓練を行うことも重要である。また、これとは逆の方向から、外部に示した自己の発言、態度、行動については、どこまでも自らが責任を負う、という意識のあり方を訓練していくことも大切な課題となるのではないだろうか。この意味での自己責任性を身につけていくことは、提示された自己を意識世界が常に積極的にバックアップしていけるようになること、と言ってもよい。これは特に、青年期において大事な課題となるであろう。

第二の領域は、〔意識〕レベルを鍛える、というものである。

具体的には、意識世界が感情や思いつき、思い込みによって支配されたり、暴走状態になったりしないように訓練することと言ってもよい。このため、感情から自由になること、論理性と実証性を大切にし早呑み込みを避けること、多面的な情報にもとづき入念な配慮のある理性的な判断を下すこと、などが大切な目標となるであろう。

どんなに頭がよく、物知りで、いろいろできる人であっても、意識世界が常に冷静かつ理性的にコントロールされているのでなくては、危なくて仕方ない。有能な人であればあるほど、すぐに感情的になったり、思いつきや思い込みで突っ走ってしまったりすると、はた迷惑なことになる。もちろん、当人自身にとっても、意識世界がきちんとコントロールされていないかぎり、本当の意味での主体性を持つことができないのである。

こうした点については、静座や黙想、座禅などの時間を持つといった方法が、従来、試みられてきた。そうした特別な時間の中での体験を基にして、日常生活の中で自分なりの工夫をするようになれば、この面での大きな進展が期待されるのではないだろうか。

第三の領域は、〔意識〕を〔実感〕に基礎づける、というものである。

われわれの日常意識の中には、自分自身の実感と無関係なままいつのまにか取り入れた外来のもの、外部への無意識の迎合から自分のものと思い込むにいたったもの、などがあふれている。本当に自分のものと言える感覚や考え、発想や論理、などは、ごく少数と言ってよい。意識世界を本当に自分自身のものにするには、自分の実感の世界に気づき、そこに根ざした形で自分の感覚や考え、発想や論理をとらえ直し、作り直さねばならない。

与謝野晶子の歌に、「やは肌のあつき血潮に触れも見で　さびしからずや　道を説く君」というのがある。実感の世界に根ざすことなく、しかもその事実自体にも気づくことなく、蒼白い論理を弄《もてあそ》んでいる人に対する晶子の哀れみの気持ちが、如実にうかがえるのではないだろうか。実感に根ざすことの少ない意識世界、というのは、悪い意味での「インテリ」の通弊である。そうした落とし穴に落ち込むことのないようにしたいものである。

具体的には、自分に本当にピンとくるもの、自分としてどうしても譲れないもの、の探求が大きな課題となるであろう。このためには、まず、どんなにカッコワルクてもいい、皆にバカにされてもいい、自分が本当に感じていることを大切にしたい、という態度が形成されなくてはならないであろう。また、社会的な権威や権力に迎合・同調し、世間で言われていることをそのまま鵜呑《うの》みにするのでなく、自分自身で納得できるところまで考えるという習慣を身につけることも必要であろう。自分自身に対して誠実になる、ということこそが大事なのである。

第四の領域は、〔実感〕の世界を深め、広げ、活性化する、というものである。

自分自身が何らかの形で揺り動かされるような体験を積み重ねていかない限り、〔実感〕の世界の深化・拡大は望めない。具体的には、自分が心惹かれる美しいもの、自分に感動や感銘を与えてくれるもの、を積極的に捜し求め、それらとの出会いの機会を大切にする、ということが大切であろう。また、読書やテレビなどを通じて、他の人の人生や他の文化・社会での生活を追体験し、自分自身の実感世界を広げるとともに、その中において自分の現実の生活感覚を相対化していく、ということも有益ではないだろうか。また、奉仕活動など多様な活動に実際に参加することによって、自分の日常生活では得られないものを体験し、新たな刺激を受け、関心の持ち方、発想の仕方、などが変わっていく、といったことも重要であろう。

こうした視点に立つ場合、まず、良い芸術作品との出会いの場を持つことを心がけたいと思う。この場合、一般的に定評があるものであっても、自分にピンとくるとは限らないということを銘記すべきである。また、誰かがこの作品で感動したからといって、自分もその作品で感動するはずであると期待してしまうことも駄目であろう。一人ひとりがすでに持っている実感世界のあり方の違いによって、さらには一人ひとりの「魂」が要求するものの違いによって、ある作品がピンとくるかどうか異なってくるのである。

第五の領域は、自分の本源的自己の世界を洞察し、信頼を深める、というものである。

ここで本源的自己と呼んでいるものは、知らず知らずのうちに、自分自身の奥底で自分を根源的に動かしているもの、自分を支え生かしている力、のことであると言ってもよい。何よりもまず、そうしたものが自分自身の深層世界に存在することに気づく必要があるであろう。

たとえば、自分の意識世界のあり方は、内的自己の表層的なものだけを反映しているにすぎないのではないか、という問い直しをしてみることである。このためには、意識内で合理的に考えること（はからい）を一時的に休止し、意識されないままに働いている何者かが意識の世界にもたらすものを素直に受け入れる、といった時間を持つことも有効であるかもしれない。古来、キリスト教でも仏教でも、その一部において「開け放された心」とか「すべてに対して開かれた態度」といったことが強調されてきたのも、この点にかかわるのではないだろうか。

また、ユングなどが強調するように、自分の見た夢や、自分が「偶然」出会ったできごとがはらむ象徴性について考えてみることも役立つかもしれない。いずれにせよ、こうした洞察を深めていくことによって、長い目で見た時に、自分自身を一つの方向に向かって一貫した形で導いてきている一つの力の存在に気づき、その力に信頼する気持ちが生じてくるのではないだろうか。そのような状態になった時にはじめて、当面のさまざまな事情に一喜一憂することなく、腰を落ち着けて着々と自分なりの歩みを続けていく、という生き方も可能になるであろう。また、自分自身の深部に存在する本源的自己の働きに気づくようになった時にはじめて、他の人達の本源的自己の働きにも関心を持てるようになり、それによって本当の意味で独我論的な感覚を乗り越え、他の人達との通底にも気づくようになるであろう。

本源的自己と呼ぶほかない内的自己の最深部の働きに対して、心理学的な研究においても、いたずらにタブー視することなく、人間的存在にとって最重要な局面として、今後十分に着目していく必要があるのではないであろうか。

II

内奥の本源的自己という基盤

第4章　意識下の「本源的自己」との連携強化——「深い生き方」のために

1　われわれにとっての「全世界」としての意識世界

われわれにとっては自分自身が意識している世界がすべてである。だから、意識している世界がなくなれば、つまり気絶したりして意識喪失の状態になれば、われわれにとっては死亡したのと同じことであって、自分自身を含めたすべてが存在しないことになる。われわれは自分自身の意識世界の中で生きている、と言ってもいいのである。

こうした意識世界には、つまりわれわれ一人ひとりにとっての世界には、絶えず何らかの意識が去来している。心理学者ウィリアム・ジェイムズは、かつて、この意識世界を「意識の流れ」と表現し、次のように述べた。[*1]

万人が自己の内的経験に属していると肯定する第一の根本的事実は、ある種の意識が進行している、という事実である。「心の状態」が彼の中に相継起している。もし英語で「it rains」とか「it blows」とか言うように「it thinks」と言えれば、事実を最も簡単にかつ仮説を最も少なくして言い表すのであるが、そうは言えぬから、ただ「考えが進行する」と言わねばならぬ。

このような「去来する意識の流れ」は、そうした形で与えられたものとしての状態に常にとどまるというわけではない。私達は時に、こうした「去来する意識の流れ」に対して能動的に働きかけ、その内容の取捨選択を行ったり、関連づけたり統合したりしようとすることがある。主我（主体としての自己）による統覚機能であり、これによって合理的に思考したり、決断したり、一連の行動に移したり、等々といったことが可能となる。こうした形で意識の去来する不定型の世界に一つの道筋がつけられ、統合され、方向づけられ、さらには全人格をあげての行為として顕現することになる。

われわれはこうした意識世界で、いろいろなことを考え、判断し、決定し、評価し、行動に移していると暗黙のうちに想定しており、われわれの言動のすべてが自分のこうした意識世界に由来するものとしてしまいがちである。であるから、たとえば「このことを学ばなければ」という気持ちを持ったり、「このことをこういう意味で納得できた」と気持ちが落ち着いたりした場合、こういったことのすべてが意識世界におけるできごととして終始している、と考えている。しかし本当は、われわれが一定の気持ちを持ったり考えたり判断したり言動に移したりすることの土台に、われわれの意識していない世界からの促しが、あるいはヒントや方向づけが、そして時には阻止があるのである。

たとえば、何かの拍子にあることを思いつき、そのことがその日一日中頭にこびりついて離れなかった、というようなことはないであろうか。あるいは、商店のショーウィンドーに何気なく目をやったら、どうしたわけか何か心魅かれるものが目に飛び込み、少し無理してでもそれを買おう、という気になったりしたことはないであろうか。あるいは、こういうジャンルの音楽が耳に入ってくると、どうしたわけか耳ざわりでいやな感じを受けるけれど、別のタイプの音楽が耳に入ると、どうしたわけか快い気持ちになり気分が高揚する、といったことはないであろうか。こうしたことはいずれも、われわれの意識世界のあり方に、意識されないところに存在する何かが大きな影響を与えているのではないか、ということをうかがわせるものであろう。

2　内部世界と外部世界の双方から支配される意識世界

意識世界は、それ自体として独立し自足したものではない。「去来する意識の世界」は外の世界からと内の世界との双方から、絶え間なく意識の内容的素材を与えられ続けており、何かに関心を持ったりこだわったりという形で焦点づけられたり、何かが関心の焦点から外されて意識外に追いやられたりといった形で、その内容そのものが常に流動している。また同時に、意識世界の整理統合と道筋の準備といった主我的な統覚機能の発動も、こうした外の世界と内の世界との相互作用によってもたらされることになる。ここで言う外の世界の主要なものは対人的社会的な世界であり、内の世界は意識下の世界、特に「本源的自己」と呼んできたものである。[*2]

図4-1として、ここに〔本源的自己・意識世界・提示自己〕の概念図を再掲（図1-2）しておく

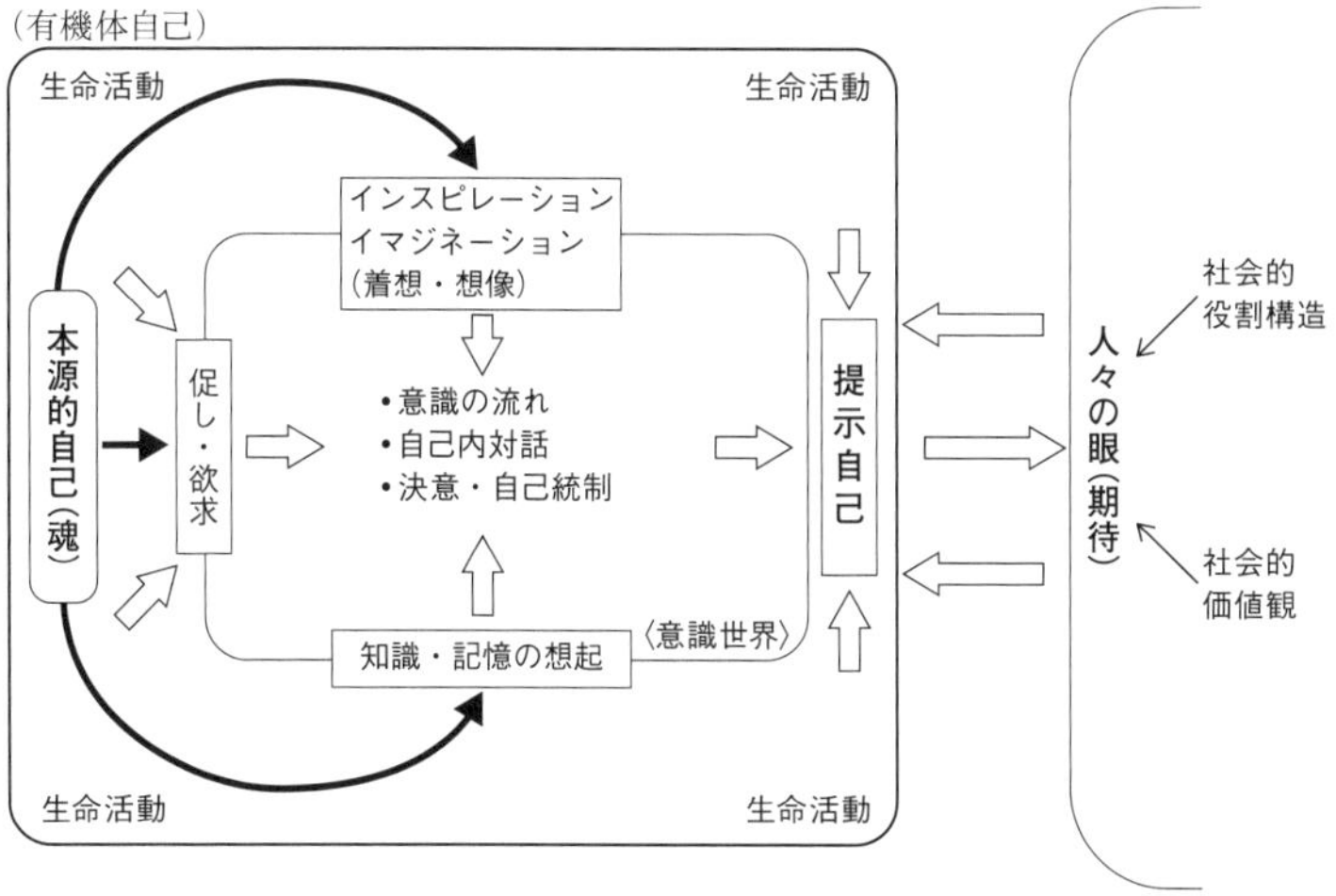

図 4-1　有機体自己・意識世界・提示自己（図 1-2 再掲）

ことにしたい。ここで「提示自己」と呼んでいるのは、「その時その場における課題や状況に対応して示される、その人なりのまとまりを持った統一的な姿」である。こうした姿は、その人がまさに今・ここで「世界」に対して「提示」しているあり方であり、こうした形で「去来する意識の世界」に時々刻々の統一を与えているのである。社会的な場では、こうした提示された姿の累積としてその人の社会的イメージを人々が作り上げ、共有していくことになるのである。また自分自身で自己のそうした提示する姿の社会的文脈での一貫性に気づき、自己概念の有力な一部を形成していくことにもなる。従来「社会的自己」と呼ばれてきたところは、こうした意味をはらむものであろう。

ところで、われわれは自分自身の統一した姿を「世界」に対して「提示」していることもあり、暗黙のうちに自分は自立した責任主体であると考えがちである。自分の意識世界に外部からさまざまな情報を受け入れ、取捨選択し、筋道を立てて考え、自分の責任において理性的知性的に判断し決断し行動しているように思っている。しかし、意識世界で、「自分の責任で」決断し行動しているように思い込んでいるとしても、実は無意識の世界にその基盤があることが少なくない。「自由意思」が理性的に活動する以前に、自分の内部の見えない何かがその土台を準備していることがあるのである。

そう考えると、われわれの意識の基盤にある無意識の世界から何が意識の世界にもたらされているかを知りたい、という思いが強くなってくる。それを知ることによって、自分を本当に動かしているものを意識の場に上げ、それとの絡みで意識内での吟味検討を総合的に行っていけば、自分に最も落ち着く言動が、自分に最も妥当と感じられる判断や決断ができるようになるのでは、と考えられるからである。

3 「本源的自己」が意識世界にもたらしているもの

われわれの意識世界は、われわれを取り巻く人々、そして社会的世界からも時々刻々大きな影響を受けている。しかしそれ以上に、その人の内面世界の奥にある無意識の広大な世界から大きな影響を受けていることを忘れてはならない。意識世界に対して、時にはそれを左右するほどの影響を及ぼしている無意識世界の中核部分、ここでは「本源的自己」と呼ぶところに、われわれはもっと注目しなくてはならないのではないだろうか。

ここで言う「本源的自己」の影響を意識世界がどのような形で受けているか、ということを考えてみると、少なくとも次のような四点に気づくであろう。

まず第一は、何が欲しい、何がやりたい、といった欲求・欲望にかかわる点である。外部にある何か美味しそうなものを目にしたり匂いを嗅いだりして、それを「食べたい」という欲求が喚起（アラウザル）されることもある。この場合も、無意識世界にそうした欲求喚起の下地になる空腹なり食欲なりがなければ、そういうことは生じなかったであろう。こうした欲求・欲望は、外部から何かがわれわれの五感に引っ掛かってきて（意識世界に侵入してきて）喚起されるということがなくても、不意に「〜が欲しい」「〜をしたい」という形で意識世界に生じることもある。こうした欲求・欲望は、基本的にはわれわれの生命活動と大きく関係しているが、出生以来の体験の蓄積から生じている面がある。

第二は、不意に何かのイメージや言葉が頭に浮かんだ、といった直感やインスピレーションにかかわる点である。問題に取り組んでいると、不意にその解答のイメージが閃《ひらめ》くことがある。また、俳句や短歌を作っている時、不意にある言葉なりフレーズなりが頭に浮かぶことがある。まさにインスピレーションである。意識世界を超えたところで無意識世界での知的活動が展開されていることを痛感せざるをえなくなる。これも長年にわたる学びの蓄積が関係していることは、あらためて言うまでもない。

第三は、このことには心魅かれワクワクするとか、ドキドキするとか、このことなら自分にピンとくる、といった選択的感性にかかわる点である。どうしてそうなのか自分自身で理解できないのに、そうした選り好みが意識世界の入口で生じている。何でもかでも公平に平等にわれわれの意識世界に入ってくるわけではない。何をどう意識するか、といった基礎構造が無意識世界の中にでき上がっているのである。これは持って生まれた資質的なものに基礎づけられている部分もあるだろうが、これまでに自分自身の身に生じた膨大な体験の集積にも基礎づけられているのではないだろうか。

第四は、こうしたことはなぜか思い起こしたくない、このことには自分でも驚くほど過敏に反応してしまう、不意にこのことを思い起こすと急にドキドキして落ち着かなくなったり、あるいは気が滅入って鬱的になったりする、といった意識世界に向けての検閲や抑圧、強い情緒反応の喚起、等々にかかわるインターフェイス的機能が本源的自己と意識世界との間に存在する。フロイトやユングらが特にこだわったのがこうした面であり、意識世界において本源的自己のあり方が無視されがちになったり、そのままの形では反映されにくくなったりしているのはこのためである。

少なくともこうした四点にわたって、意識世界の奥にある無意識の世界がわれわれの認識にも問題解決にも決意にも行動にもかかわっていることは、十分に理解していかなければならない。そのためには綿密な自己観察・自己吟味を重ねていく必要がある。虚心坦懐に自分のその時その場の思いやこだわりやアイディア等々を吟味検討し、それがどこから来ているのかを考えてみる、ということが大切ではないであろうか。

4　無意識世界のあり方を対象化し吟味検討する

意識世界の基盤となっている無意識の世界について、特にここで「本源的自己」と呼んでいるところについて、どのように意識化し理解していったらいいのであろうか。意識世界が独善的に独走することなく、無意識世界を踏まえた形で全人格的に機能するようにするためにも、このことは重要である。

意識の流れの基盤に何が潜んでいるのかを、直接的にではなく間接的な形ながら垣間見ようとして、さまざまな方法がこれまで試みられてきた。ロールシャッハやTATのような投影法もその一つである。無意味な図形がいったい何に見えるのか、どのようにでも受け取れる場面がどのように意味づけられるのかを見てとることによって、意識下にある隠れた欲求や葛藤などを探ろうというわけである。また、箱庭を作らせてみるという方法も興味深いものである。砂の入った箱の中に山や川を作らせ、そこにさまざまな物や人物を配置させてみて、その全体構成からその人の意識世界を支えている基盤的な世界のあり方や、無意識の志向性とその障害となっているもののあり様などを探っていこうというわけである。

さらには、精神分析の流れの中で重用されてきた連想法や夢分析もある。一つのイメージが次々とどのようなイメージにつながり展開していくか、あるイメージから何かのイメージにつながる場合に特別に時間がかかるとか特異な飛躍が見られるといったことはないか等々を見ていけば、無意識のイメージ連鎖の中からわれわれの隠された意識構造が垣間見えるのではないかということである。夢分析も、意識の制御を離れた睡眠状態においてどのようなイメージが出現し、どのように展開していくかを見ていくことを通じ、通常の意識状態では抑圧され隠されたままになっている欲求や志向性、不安や恐れ、予期や予感などを見てとろうというわけである。

連想法は、かなり直接的に意識下にある世界を意識の世界に引き出すものであるが、他の間接的な方法は、どこまでその方法の妥当性を信頼していいか分からぬ点で不安が残らざるをえない。もう少し直接的な形で、ここであげたのとは別な方法を用いて、意識下にあるものを探ることはできないのであろうか。ひとまず、意識世界の側から意識下の世界に切り込んでいく方法について、少し考えてみることにしたい。

5　選択的感性や偶然の出会いの持つ必然性の吟味から見えてくるもの

先にも述べたように意識世界は基本的には「流れ」であり、そのままではコト・コト・コトが順次意識野に現れ、消滅を続けるだけである。したがって、その「流れ」を何かの形でせき止め、対象化して意識世界で吟味してみなくては、何事も理解できないままとなるであろう。

たとえばある本を読み始めていつの間にか没頭してしまったとしよう。何の振り返りもしないで、そのまま事態が進んでいくままに委ねていくならば、何が没頭という事態を生じさせたのか分からないままになる。やはり没頭という時間が経過したどこかで、場合によっては没頭を中断してでも、「何」がという問いを持って振り返りをしてみなくてはならない。その本の主題が自分自身の関心を強く引くものだったからなのか、取り上げられているトピックスや内容展開が自分の関心を引きつけ続けるものだったからなのか、叙述の文体や活字配置が自分の精神的な活動のテンポに合っていたからなのか、それとも自分自身の心身の状態が旺盛な知的活動を欲するものとなっていたためなのか、等々である。そしてここから、場合によっては、自分自身の関心の焦点づけと持続の背後にある意識下の事情が垣間見えることがあるのではないだろうか。

自分自身の意識世界に不意に外的な事象の感覚が飛び込んだり、イメージが生じたり、欲しい・やりたいといった気持ちがもたらされたりするが、同時にそのそれぞれに対して快・不快などの感情的反応も生じる。どうしてそうなのか自分でも分からないのに、自分に固有の選り好みの反応が意識世界の入口で生じているのである。何でもかでも公平に平等にわれわれの意識世界に入ってくるわけでなく、何をどう意識するか、といった基礎構造が無意識世界の中にでき上がっているのである。こうしたことは、自分自身の資質的なものによるだけでなく、これまでに自分自身の身に生じた膨大な体験の集積に基礎づけられているだろうと思われてならない。

私自身は、偶然の出会いが暗黙のうちにはらむ必然的な意味（シンクロニシティ）の吟味と、自分には何がピンときたか、何でワクワクしたか、といった選択的感性の吟味を、自分自身の無意識世界を垣間見るうえで特に大事なものと考えている。

私自身の若い頃、どうしてなのか同じ人にいろいろな機会や場所で繰り返し出会う、といったことがあった。偶然の連続とはとても思えないほどであった。そしてこうした出会いがその時その時に満足感を与え、同時に私自身の長い人生において不可欠な意味を持つ持続的な人間関係のスタートになったりしている。今になって思うと、その人に対する自分の側の意識下の世界における肯定的な関心が、また先方の側から私への同様の関心が、結果として合致したということなのであろうか。確率的には無限にゼロに近い偶然が重なって、個人史を縫い上げていく重要な赤い糸となっていったりするのである。ユングの言うシンクロニシティ（共時性）に近いことなのであろうか。

ユングの場合は、「偶然の暗合」の持つ必然性について、次のような三つの場合を含めて考えている。[*3]

第一は「頭に浮かんだことが実際に外の世界で生じていること（意識内のことと外的できごとと
が一致）」

第二は「頭に浮かんだことが遠くで実際に生じていたと後で分かること（距離の離れたところで意識内のことと外的できごととが同時に生起）」

第三は「頭に浮かんだことが時間が経って実際に生じること（予兆、意識内に現れたことが時間が経ってから実際に生起）」

である。ユングは個体に生じる事象を超えた宇宙的な秩序のあり方としてシンクロニシティを考えているわけであるが、自分自身という個体に生じるできごとという限定内であったとしても、シンクロニシティを考えてみる必要があるのではないだろうか。

さらには、自分の身に偶然起こったことや、自分の意識世界に不意に浮かんだイメージが、「ヤッター！」といった快さを与えてくれるのか、「いやだな！」「うっとうしいな！」といった不快感を与えてくれるのか、にもこだわった方がいいのではないだろうか。これもまた、先にふれたように無意識世界からの重要なメッセージと思われるのである。

6 「本源的自己」との連携を深め、識別しつつ生かしたい

いずれにせよ、意識世界だけに生きるのでなく、その基盤にあるものに常に気を配っていかなくては、「頭の先っちょ」だけの上っ滑りな学び、上っ滑りな生き方になってしまうであろう。

自分自身の意識世界の奥に存在する見えない世界が、どのような形で自分自身を動かしているかを理解し、それと上手に連携しながら意識世界での理性的な自己内対話を進めていくことができるように

なってはじめて、本当の主体性が確立するのではないであろうか。「駒」でなく「指し手」として生きていくためには、自分自身の内なる「本源的自己」と深く連携していなくてはならない。それがないままの言動は、結局は上っ面のものになってしまい、本当の意味で自分自身を生かすものとはなりようがない。そして「本源的自己」との深い連携を欠いたままでは内的エネルギーを汲み上げていくことも困難になるのである。

自分自身の実感・納得・本音に根ざしていなくては、自分自身を賢明にしてくれる学びとはならないし、また常に生き生きと主体的に生きていくための真の基盤を準備してくれるものとはならない。こうした志向性の基本として、意識世界が「本源的自己」と深い連携を保つ、ということを常に念頭に置きたいものである。

ただし、このことは、無意識の世界から意識世界にもたらされる促しや方向づけや直感やイメージ等々を常にそのまま是とし、それを無条件に尊重し生かしていく、ということを必ずしも意味するものでない。意識世界にもたらされたものは、自己内対話によって理性的な形での吟味検討がなされ、それをそのまま生かしていくべきかどうかの識別がなされなくてはならないのである。西欧キリスト教世界では、自分自身の意識下の世界から意識世界にもたらされたものが善霊によるものなのか悪霊によるものなのか、本来的に自ら引き受けるべきものか峻拒すべきものか、自己内対話を重ねる中で識別していくということが重視されてきた。ラテン語で「discretio spirituum」と呼ばれ、「霊の次元での識別」とか「霊動弁別」と訳されてきたが、このことは、トマス・アキナスもマイスター・エックハルトらも重視してきた点である。私自身は、イエズス会を創立してヨーロッパの各地に中等教育・高等教育を普及させ、同時にキリスト教布教のためインドや日本や中国等々にフランシスコ・ザベリオなどの同志を送り込む努力をしたイグナチオ・デ・ロヨラの『霊操』[*4]を学ぶ中で、青少年期から繰り返しこのことを考えさせられてきたところである。

自分自身の無意識の世界と連携を深めていかなくては、深く考え深く生きていくことはできない。時には無意識の世界にイニシアチブを明け渡し、意識世界はそれに追随するままにしてみる、ということもあっていいであろう。しかしながら最終的には、やはり意識世界において、自分自身の司令塔としての主我の機能を発揮する形で、理性的に「識別」していくことが必要である。まさにこの面においても、主我としての統覚機能を働かせていかなくてはならないのである。

*1 ウィリアム・ジェイムズ『心理学 上』今田恵訳、岩波文庫、一八八頁、一九六四年。漢字と仮名遣いを筆者が改めた形で引用。(原書刊行は一八九一年)

*2 梶田叡一「自己意識と有機体自己と社会的自己と」『奈良学園大学紀要』第2集、四三～四九頁、二〇一五年三月。梶田叡一『人間教育のために——人間としての成長・成熟を目指して』金子書房、二一頁、二〇一六年六月、など。意識下の世界に潜む本能的な心身諸機能や個人的経験の総体などからなって、意識世界を支えている「本源的自己」についても、梶田叡一『内面性の心理学』大日本図書(一九九一年)で「内的自己」として論じて以降、今日まで機会あるごとに論じてきている。

*3 河合隼雄『ユング心理学入門』培風館、二四一～二四四頁、二六〇頁(一九六七年)では、「同時性」と訳して紹介している。

*4 イグナチオ・デ・ロヨラ『霊操』ホセ・ミゲル・バラ訳、新世社、一九八六年。

第5章　主体的であることの内面的基礎

「主体的である」とか「主体性を持つ」ということは、どういうことであろうか。エイジェント(agent)＝行為主体であること、と言われることもあるが、それは具体的にどのような要件を備えていることなのであろうか。外部から見て能動的で活発に活動している、というだけでいいわけでない。しかしそれなら、いったいどのような内面的要件が備わっている場合に「主体的」とか「主体性がある」と言っていいのであろうか。

まず逆方面からこの問題を考えてみることにしよう。「主体的でない」「主体性がない」などと言われることがあるが、これは具体的にどのような事態が見られることなのであろうか。たとえばこれは、「他の人の意見に左右されやすい」「その時その場の支配的雰囲気に流されやすい」「自分の意志や判断でものごとを進めていくことができない」などといった場合であろう。さらに言えば、いくら能動的であったとしても、権威ある外的な「正しさ」「適切さ」をそのまま受け入れ、それを振り回しているだけ、といった姿は、「主体的」でも「主体性」でもない。もっと言えば、いくら自発的であったとしても、何らかの権力を持つ人にすり寄って、その志向する方向を忖度《そんたく》し、迎合的な言動を行うような場合、それは「主体的」とか「主体性」ということで考えられる方向とは真逆なものと言わなくてはならないであろう。

こうしたことを踏まえて考えると、「主体的である」「主体性を持つ」ということは、

●自分自身の内部に行為の源泉と判断の基軸があり、そうした源泉や基軸がその人の内面世界に、その人にとっての必然性のある強く深い根拠を持つこと、

であると言ってよいであろう。このことが、

●自分自身の意見や意志を、自分の内面に根拠を持つ形ではっきりと持っている

●その時その場の状況や雰囲気を的確に把握しながらもそれに流されることなく、自分自身の言動に現実的な一貫性を持たせている

●自分の意志や判断にもとづいて自分自身を適時適切に統制しつつ、粘り強く自己の目標実現に向けものごとを進めていく

といった状態を現出させている、と考えてよいのではないだろうか。これこそまさに「随所に主となる」ということであり、「自分自身をその時その場での言動の主人公」とし、それを通じて「自分自身を自分の人生の主人公にする」ということであろう。

こうした意味での「主体性」が実現し機能していくための内面的要件として、少なくとも次に示すような三点が特に大切になるのではないだろうか。

1　主体性を支える三要件

本源的自己の強さと基本的志向性

まず第一の要件は、「本源的自己の強さと基本的志向性の健全さ」である。これはまさに生命力そのものの強さであり、その生命力がどこに向かうものであるか、ということである。もちろん、自分自身を真の主人公にするためには、後でふれるように無意識世界における本源的自己の動きだけでなく、そうした動きを意識世界で何とかキャッチし、きちんとモニターしてコントロールする、という心理機能が不可欠となる。しかしながら、まずもって無意識世界から意識世界へと人を大きく向かわせていく本源的自己自体が、一定以上の強さを持ち、その基本的に志向するところが健全なものでなくてはならないのである。

本源的自己とは、何よりもまず無意識の世界にうごめく主導的なエネルギーである。このエネルギーが弱いままであるなら、自分自身の言動を積極的な形で打ち出すことも、さらにはそれを一貫した持続的なものとして押し出していくことも不可能となるのである。その意味で本源的自己はエネルギーに満ちたものであってほしいが、それがどういった基本的志向性を持って発揮されるか、ということが主体性の具体的なあり方を決めていくことになる。

このことは古くから「本能」という概念で呼ばれてきたところと大きくかかわっている。また近年の心理学では、マレーらによって「基本的欲求」といった形で考えられてきたところともかかわると言ってよい。こうした内心の主導的エネルギーの向かうところは多岐にわたるものと想定されるが、基本的にはこれらのうちのあるものが優先性を持ち、他のものがその下部に位置づけられるという形での階層的な構造をなし、その時その時でその人なりに総合され統一された形で機能していると考えてよい。たとえば、これら多岐にわたる志向性を持った内的エネルギーが、個体維持と種族維持への志向を土台としながら、一定の具体的方向づけを持つ形で、一個の生命体としての安定・充実・完成へと向かう、といった階層構造を持つことが想定されるのである。

こうした内的エネルギーの階層構造的な統一は、基本的には健康的で健全なものであるが、時には周囲の人や物の破壊、あるいは自分自身の破壊へと向かう危険な内的衝動をはらんでいることもある。自暴自棄的な破壊欲求（n破壊）とか自殺願望（n自死）などをはらむ場合である。これはまた、破壊本能とか死の本能と呼ばれることもある。その人の本源的自己にこうしたネガティブで破壊的な志向性が潜んでいそうな場合には、粘り強い精神科的な治療や心理療法が必要となることもあることを、ここに付言しておきたい。

その人の本現的自己の基本的志向性については、それが健康的かつ健全な範囲のものと認められるとしても、当然のことながら質的な水準の問題がないわけでない。たとえ個体維持と種族維持の志向性が一個の生命体として基本であるとしても、そこに高い優先順位が置かれるならば、精神的な充実と自他に対するプライドに支えられて主体的に生きていく、という意味では問題がないわけでない。また、より高次の何らかの志向性が優先順位トップの位置を占めることがあるとしても、最も高次な自己実現にかかわる志向性が優先順位トップの位置を占める場合にくらべれば、質的な面での水準の差が出てくることになるであろう。マズローなどが指摘するように、自己実現のためにならば他の重要な諸欲求の充足をも犠牲にできる、という点に人間としての特質があると言っていいからである。

ここでは、本源的自己の基本的志向性の質的な意味での低次から高次までのあり方を考えるための一つの枠組みを、私自身が一九七三年にまとめた『社会心理学』に述べたところにもとづいて、ここにあげておくことにしたい。[*1]

【自己実現への志向】

➡ ●自己実現欲求群（n探究・n創造・n覚醒）

【精神的充実への志向】

➡ ●愛他的欲求群（n奉仕・n社会運動）

➡ ●社会的威光欲求群（n尊敬・n影響力）

➡ ●物質生活向上欲求群（n財産・n投資）

【安定確保への志向】

➡ ●社会的安定確保欲求群（n所属・n承認）

➡ ●物質的安定確保欲求群（n収入・n貯蓄）

【生命体としての基本欲求】

➡ ●種族維持欲求群（nパートナー・n性・n養育）

➡ ●個体維持欲求群（n食欲・n安全確保・n健康）

自己の内的世界についての洞察力と自己統制力

内的なエネルギーは必須の重要性を持つものであるが、それが「はた迷惑な形で」、あるいは「自己中心的な形で」発現することも少なくない。したがって、本源的自己の要求するところを的確な形で（自我防衛的に歪めたり選択的に否認したりすることなく）意識世界に上げて自分なりに把握し、それを内外の諸条件を勘案して的確に判断し、といった自己理解の深化の働きが常にともなっていなくてはならない。心身の健康増進に意を用いて本源的自己の力それ自体を強化していくと同時に、自分自身の諸欲求のあり方も含めた本源的自己に関する自己洞察を深め、それにもとづく意識世界での吟味検討と自己統制の習慣づけを強めていくことが不可欠の重要性を持つことになるであろう。

いずれにせよ、「意識世界と本源的自己との相互連携の良さ」、言い換えるなら「自分自身の本源的自己のありようが自分自身の意識世界に的確に反映され把握されコントロールされていること」が大切な要件となるのである。これは、精神分析学の流れにおいては「自我機能の強さ」として、現実検証能力と自己統制力を並べる形で重視されてきたところである。

自己統制力の強さとは、自分が自分自身の言動の主人公としてあるための精神的統合力の強さでもある。自分自身の諸欲求の充足を一時的に保留して適時適切なチャネルに流し込み、満足のいく形での処理を行っていく力である。こうした自己統制力を強くするためには幼少時から欲求の即時全面的な充足ではなく、時に「我慢すること」「断念すること」を体験させることが重要であると言われてきている。

こうした内面洞察と自己統制の基盤となるのが「価値志向性」である。洞察された自己の内面世界を吟味検討し自己統制していく際の基準となるものであり、自己をその方向に向けて形成していく基軸ともなるものである。言い換えるならば、とりわけこのことは大切にする、このことの実現のために特に努めたいという気持ちを持つ、といった価値感覚である。これは先にあげた無意識世界からの本現的自己の志向性に大きくかかわっており、精神分析学の流れでは「超自我」と呼ばれてきた働きと言ってよい。

こうした価値感覚と一見反対の方向にあるのが、「あるがままでいい」「このまま、そのままでいい」という気持ちで生きていくというあり方のように思われるかもしれない。しかしながら、これもまた一つの価値感覚なのであって、これを徹底していこうとするなら、これを自己統制の軸として確立していくために大いなる努力が必要である。「すべてのことをあるがままに受容する」ということは思ったよりもたいへんな課題ではないか、と考えておいた方がいいであろう。

感性と共感性の豊かさ

第三の要件は、自己を統制し方向づけしていく基盤としての「感性と共感性の豊かさ」である。内的エネルギーにあふれ、それを自己統制し、ある価値志向性の方向に向け続けていくとしても、そのエネルギーの基盤、自己統制力の基盤、価値志向性の基盤、となるところが、広がりと深さを持ち、多様性に満ちあふれた豊饒なものであってほしい。そうした基盤づくりのためにはさまざまな形での体験の蓄積が不可欠の意味を持つであろう。そうした体験を得るためには具体的に次のような活動が望ましいと、これまで私自身繰り返し述べてきたところである。

(1) 美しいもの、感動的なものとの出会い
(2) 固定観念・既成概念への揺さぶり
(3) 課題追究や読書などへの没頭
(4) 安易に迎合・同調しない姿勢の習慣づけ
(5) 異質な感覚や発想に気づき相互に尊重し合う話し合い
(6) 自分の活動や気づきの振り返り、自己評価
(7) 自分の実感・納得・本音の世界の探究
(8) 困難でいやなことから逃げないで真っ向から取り組む対処的姿勢の習慣づけ

こうした諸体験を積み重ねていく中で、豊かで強靱な感性と共感性が培われていくことになる。主体的であることの根底には、個として広く深い基盤を持つ自立と同時に、周囲の人達との豊かな共生の感覚が不可欠の基盤として存在していなくてはならないのである。一個の自立した主体であることを、基本的にはここにあげてきたような視点から考えていきたい、というのが私自身の現時点での結論である。

＊1　梶田叡一『社会心理学』産業能率短大、三三〜三四頁、一九七三年。

III

現代社会を生きるために

第6章　プロテウス的人間――「変身」の日常性について

1　「プロテウス的人間」とは何か

現代人の自己意識のあり方の特徴として、何らかの特異な点はあるのであろうか。

たとえばロバート・リフトンは、著書『誰が生き残るか』[*1]で、「プロテウス的人間」という表現を用いて、現代人に特有の特異な自己意識のあり方を論じている。

プロテウスとは、ギリシャ神話に出てくる変幻自在の「海の老人」であって、大蛇、ライオン、龍などに変身したという。そして、本来の姿に帰った時には予言能力を持ったという。リフトンはこのプロテウスという神話的イメージを借り、現代人は状況の変化により多様な姿に自分を「変身」させること、それは治療を要する病的な現象ではなく、むしろ健全なあり方であると言う。

リフトンは、たとえば次のように述べる（前掲書、七〇～七一頁）。

（プロテウス的人間においては）思想体系やイデオロギーも、信奉し、修正し、手を切り、再び信奉しなおすことができるものであり、過去においてはこのような移行がおきると、内面的な葛藤を感じたものであるが、これとは全く対照的で、きわめて容易に移行ができるのである。比較的最近までは、イデオロギー的に大きく変わるということが、一人の人間の生涯に一度以上起こるというのはまれであり、その転向は深い魂の遍歴や葛藤をともなう個人のきわめて意味深い内面的転換点として、長きにわたって記憶されたものである。だが今日では、一年のうちに、いや一カ月のうちにすら、何度かそのような移行を行い、さして苦痛を感じないという例にぶつかるのはそう珍しいことではなく、それは政治、審美的価値、生活様式などの分野を問わずに行われているのである。

リフトンの言っているのは、一人の人が時間的経過の中で変身していく、という「時期によっての変身（通時的な意味でのプロテウス的人間）」のことである。たしかに社会的立場が大きく変われば、その人に期待されるところも変わらざるをえない。社会的立場は、それにともなう役割期待と裏表の関係にあるからである。したがって、社会的立場の変化（自発的なものでも他律的なものでも）が次々と生じることの珍しくない現代的状況においては、立場の変化を反映してその人の現実のあり方も、その意識面での反映である自己意識や自己概念、アイデンティティも変わらざるをえなくなる。また、たとえ社会的立場は変わらないままであったとしても、それにともなう役割期待が社会的風潮によって時期ごとに変わっていく場合もある。そうすると、同じ立場を続けている期間においても、その人の基本的なあり方が、そしてその反映としての自己意識や自己概念、アイデンティティが、変わっていかざるをえなくなる。このような事情から、恒常性の強い伝統社会を脱した現代社会においては、プロテウス的な人間のあり方こそが自然であり当然であるということになるのである。

現代社会においてはこれと同時に、状況なり場なりが違えばそれに合った（異なる）姿を示す、という「場によっての変身（共時的な意味でのプロテウス的人間）」も顕著となっている。周囲の人達からの期待がその人がその場で持つ立場・役割によって異なるならば、それに合わせて自己提示の仕方を変えざるをえなくなる。まさにカメレオンのように周囲の状況に合うよう自分の身体の色を素早く変えていかなくてはならなくなる。これはディビッド・リースマンが、リフトンより二〇年近く前に「他人指向」と呼んだ現代人のあり方に通じるところがあるであろう。

リースマンは一九五〇年の著書『孤独な群衆』[*2]で、古い時代の「伝統指向」的なあり方、ルネッサンスと宗教改革によって出現した「内部指向」的なあり方とは異なる、現代消費社会に適合的な「他人指向」的な社会的性格が顕著になっていることを指摘する。「他の人達」が主要な関心事となり、その状況その場において自分のあり方が適切妥当であると皆から承認されるかどうかこそが気がかりとなる、という社会的性格である。

現代社会ではたしかに一人ひとりが果たしていかなければならない役割・立場が多様になっている。このため、多くの人が自分にとって大切な意味を持つ複数の役割・立場を同時に遂行していかなければならなくなっている。たとえば一つの場では学校教師の役割・立場を、別の場では熱心な宗教団体活動家の役割・立場を、また別の場では地域の少年サッカーチームの世話役を、そして家に帰れば配偶者と子どもを大切にする良き家庭人の役割・立場を上手に演じている、という人を私も身近に知っている。

また私自身も、大学の学長をやり、幼稚園から高等学校までを持つ学校法人の理事長をやり、国や県などの行政機関が設置した各種の委員会の座長や委員長をやり、長年月にわたる仲間と続けてきたいくつかの研究会＝勉強会のメンバーをやり、五人の孫との会食を楽しみにするオジイチャンをやり、等々という役割・立場を今現実に生きている。そして、私自身それぞれの役割・立場に応じた表情・口調・話題・態度を示しているに違いないのである。まさに「場によっての変身（共時的なプロテウス的人間）」を余儀なくされているのである。

ただし、この「場によっての変身」は、時に「時期によっての変身」と重なっていくこともある。「時期によっての変身」の「時期」の区切りが短期的になっていけば、限りなく「場によっての変身」と同一視してよいものになるであろうが……。

2 「変身」をつなぐ赤い糸

さて、ここで考えてみるべき点は、たとえその人の社会的な現実のあり方が、時間的経過あるいは場によって、少なからず変転し、それにともなってその人の自己意識や自己概念、アイデンティティも変わっていかざるをえないにしても、そうした変転をつなぐ何らかの「赤い糸」が存在しているのかどうか、ということである。別の言葉を用いれば、実際の社会的あり方も、それを反映した自己意識や自己概念、アイデンティティのあり方も、その時期その場だけのものなのかどうか、その人に固有の何らかの一貫した基盤となるものを現象的な変転の背後に想定することができるのかどうか、ということである。そして、もしもそうした「赤い糸」なり一貫した固有の基盤なりが現象的な変身の背後に存在するとしたならば、それはいったいどのようなものなのか、ということもまた問題にならざるをえない。

たとえば、ある人が現実の多様な自分自身のあり方を、そしてそれを支える基本的な自己意識や自己概念、アイデンティティを、どんなに役割・立場が異なろうとも自分自身の心の奥にある〈実感・納得・本音〉といった心理的基盤に立脚する形で保持し続けようとしているならば、そしてその〈実感・納得・本音〉が時期や場の違いを超えた一定の恒常性を持つということであるならば、どのように変身しようと、それによる見かけ上の相違がいくら顕著であろうと、その人に独自固有な何らかの一貫性がそこに存在することになるはずである。もっと積極的に言えば、そうした場合、多様な変身の姿がその人の多方面における自己実現（ユング的な意味において）への志向を示す、という見方もできるのではないだろうか、ということである。ユングの言う〈真の自己〉の所在は、自分自身の心の奥の〈実感・納得・本音〉の世界への深いこだわりの中に見えてくる、というのが私自身の仮設的想定であることもここに付言しておきたい（一九九一年刊の拙著『内面性の心理学』など）。いずれにせよ、そうした深い心理的立脚を欠いたままの変身また変身であるならば、時期によって、あるいは場によって、状況に対する迎合・同調を基調とした姿をとっていく、ということでしかない。そのような人であるならば、まさに「カメレオン的な人間」と呼ぶほかはないであろう。

3　アイデンティティということ

ここでアイデンティティという概念自体について、もう少し原理的に検討してみることにしよう。アイデンティティという概念を、たとえば、「自分自身を〈まさにそうした存在である〉として同一視する何らかの代表的なレッテル（シンボル的概念）であり、それをコアとして自分自身についての物語を構成しているもの」として、その意味での「自己規定的レッテル」として、考えておくことにしたい。この概念規定に依拠して考えてみると「多元的アイデンティティ」そのものが、現象的には存在するにしても、当人自身の側からは（少なくとも概念本来のものとしては）成立しにくくなる。「私はまさに〇〇である」というレッテルは、唯一の代表的なものであることを暗黙のうちに前提としているからである。だから、たとえば「私はまさに〇〇でもあり、××でもあり、また同時に△△でもある」という認識は、自分自身の担う社会的役割・立場が数多くあって、その意味で多元的であるという意味では用いることができるにしても、本来は、その〇〇や××や△△といった多元的なものを、「見かけは違うけれど実はこうした意向なり価値観なりを共通して追求するもの」といった形で、私のさまざまな姿を通底するものが存在するとして、あるいは「最も基底にあり私を結局のところ代表するものはこれらのうちの〇〇であって、その上に××があって……」といった形の階層関係が存在するとして、何らかの最重要な一つのレッテルで代表させることができるはずであろう。しかしながら、時期なり場なりによって、自分自身に対して貼りつけられる代表的なレッテルが異なっており、どう考えてもそうしたレッテル相互の間に通底あるいは階層といった関係性が見出せないということであるならば、その場合にこそ、まさにカメレオン的な「多元的アイデンティティ」とでも呼ばざるをえない事態となるであろう。

もしも「多元的アイデンティティ」が成立するとするならば、それは「〈まさにそうした存在である〉という本来の自分とは？」と自分自身の内奥の〈実感・納得・本音〉的基盤に立ち返って自己省察する、あるいは見かけ上の多様な姿の底に潜在する〈真の自己〉について自己内対話する、といった習慣を持っていないところからくる、と言えるのではないだろうか。現代社会においては、時期により場による自分自身の多様な姿をあまりにも相互に異質なものとして現出しなくてはならないため、自分自身の基本的なあり方とか、心の奥の〈実感・納得・本音〉の世界とか、〈真の自己〉といった統合的な形での自己認識の仕方が困難になってしまっている、という事情も想定されるところである。「自分探し」という言葉が大手を振ってまかり通っているという現実こそ、現代人の自己意識なり自己概念なりアイデンティティなりが多くの場合現象的表層的なものでしかない、という事実を物語っているのかもしれない。

しかしながら、アイデンティティとして通用しているものは、通常、他の人達の眼に映ったその人の姿が、その人自身に受け止められ、そのまま内面化したものである場合が多い。この意味で、まさに「反映自己」であり「位置づけのアイデンティティ」である。たとえば私自身も、それぞれの場で周囲から「学長」と呼ばれ、「理事長」と呼ばれ、「座長」と呼ばれ、「じーじ」と呼ばれているわけであるが、それがそのまま私自身の内面にしっくりと位置づいており、私自身にとっての「自己規定」に他ならないものになっているとするならば、まさに「多元的なアイデンティティ」を持つわけである。したがって、問題は、その人自身の「自己規定」がどこまで他の人達の眼にあるものによってでき上がっているのかということにかかわっている。私自身の場合には、周囲からどのように呼びかけられ、それに対応したふるまいを私自身がしていようと、私自身は自分のことを「行動的研究者（行動しながら考える研究者）」＝「工作者的認識者（仕掛け人としての工作者的な面をも大事にする認識者）」、そういう意味での「生涯一学生」であると考えている。つまりそうしたレッテルを密かに自分自身に対して貼りつけてきたわけである。これが私自身の「宣言としてのアイデンティティ」であり、私の多様な社会的姿を深部においてつないでいる赤い糸である。したがって、私自身にとっては本来、「多元的自己」とか「多元的アイデンティティ」は存在しようがないと言ってもよい。ただし、これは私自身がリースマン的に言うと、現代人には珍しく「内的志向」の人間であろうと努力してきた、このため宗教的なものを含め、自分自身の思想と生き方の中核に一つの基盤を置こうと長年努めてきた、という特異な事情を持つからであるのかもしれないが。

いずれにせよ、こうした点を十分に考慮したうえでなくては、現代の自己意識研究の大きな課題となっている「多元的自己」なり「多元的アイデンティティ」なりの研究は、単に現象の表層をなでたばかりのものに終わってしまう恐れがある。多元的な自己提示、多元的なアイデンティティの背後に潜む「赤い糸」をどう想定するか、自己実現的な変身と状況即応的カメレオン的な変身とをどう見分けるか、さらに言えば、周囲の人達の眼の中でのアイデンティティとその人の内心の確信としてのアイデンティティとの間の関係をどう考えるか等々について、今後の研究のいっそうの進展に期待したいと思う。

この問題に関連して私自身はこれまでの研究においては、「内面世界」と「自己提示」と「周囲の人々からの期待・要求」といった三つの視点から若干の考察をしてきた。たとえば、一九九一年の『内面性の心理学』（大日本図書）では、「内的自己」―「意識的現象的世界」―「提示された自己」―「外的な期待・要求」という四層相互の関連性ないし緊張関係の有無、といった点から現代的パーソナリティの類型を考えてみている。また、一九九八年の『意識としての自己』や二〇〇八年の『自己を生きるという意識』（金子書房）では、人々の「自己提示」（期待・要求）のからまり合いとして成立する〈我々の世界〉と、一人ひとりの独自固有の世界である（「内的自己」を中核とした）〈我の世界〉との双方の世界で人は両生類的に生きなくてはならないことを強調し、双方の世界に生きることへの目覚めの問題までを論じてみている。いずれも、社会的変身の内実をどのようなメカニズムで考えるか、という問題にかかわっており、また社会的アイデンティティと「内的自己」との緊張関係の問題が関連しているのである。

＊1　ロバート・リフトン『誰が生き残るか――プロテウス的人間』外林大作訳、誠信書房、一九七一年。
＊2　ディビッド・リースマン『孤独な群衆』加藤秀俊訳、みすず書房、一九六四年。

第7章　生きる原理としての自己認識・自己概念

一人ひとりの内面世界は、自分自身をどういうものであるとして考えるかで、その基本的な様相を異にする。さまざまな体験をしても、さまざまなことについての知識を得ても、それをどういう意味を持つものとして理解するかは、自分自身についての思い込みなりイメージなりが大きな枠組みとなっている。誰かが自分に微笑みかけたのを見たとしても、自信のある人なら、あの人は自分に好意を示してくれたと思うだろうし、自信のない人なら、あの人は自分を馬鹿にしたと思うかもしれない。この意味において、自己認識・自己概念こそ内面世界を貫く原理的なもの、内面世界の基本的な枠組みとなるもの、と言うべきではないであろうか。

1　和して同じないための内的原理を

ところで、その人の人間としてのあり方とか人柄、その人の個性ということが、最近、よく強調されている。しかし「個性」という言葉を十分に吟味しないで、いわば常識論に乗っかかったままで論じる人が多いため、何が何やら分からなくなっているような印象がないわけではない。「ともかくも他の人と違うことをすれば、それが個性的ということだ！」とか、「他の人と一緒にではなく、自分だけで頑張ってやっていけば、それが個性的ということだ！」とか、「どんなに批判され攻撃されても自分の主張を変えないのが、個性的ということなのだ！」といった類いの主張は、そういう浅薄な「個性」理解の典型であろう。

「個性的」とは、「変わり者」ということでも、「目立ちたがり」ということでもない。「個性がはっきりしている」ということは、「我が強い」とか「自己主張が強い」ということではない。

『論語』に「君子は和して同ぜず。小人は同じて和せず」という言葉がある。君子と言われるほどの成熟した人は、自分自身の中に原理的なものを持っているから、軽々に付和雷同することはないが、他の人とうまく折り合いをつけ、調和してやっていくことができる。ところが、小人と言われるようなつまらぬ人間は、自分が！　自分が！　といつもうるさく言うので、調和することが困難であるが、すぐに流行に左右されたり、強いものに迎合したり、といった付和雷同性が強い。こういったことが、昔から言われているわけである。他の人と協調し、調和的であるが、自分の内面に自分なりの芯になるものを持っている、ということが大事だとされているわけである。つまり、自分自身が依って立つ原理を内面に持っているかどうか、ということが、その人が真に自立した人間であるかどうか、真の「個」としての実体を持っているかどうかの、決め手になると言ってよいのである。

堂々とした態度とか毅然としたものの言い方、といった外面的なものが、自立的であるとか個性的であるとかの証拠になるということではない。その人の顔の後ろに広がる内面世界に、その人自身にとっての必然性を持った問題意識や固有の見方・感じ方、ものごとを判断する際の確固とした根拠・基準、といった原理的なものがあるかどうか、が問題なのである。さらに言えば、その人の自己認識・自己概念が、そうした内面世界を貫くものとしてきちんと確立しているかどうか、こそが問題なのである。

2　アッシュの同調性実験

しかし現実には、他の人はいざ知らず、自分は自分なりの原理を持って考えたり行動したりしていると、誰もが思い込んでいる。誰もが、自分は自分なりにちゃんと自立している、と思い込んでいるのである。ところが実際には、よほど気をつけていないとすぐに付和雷同したり迎合したりしてしまう、といった弱さを持つのが人間であるということを、われわれは決して忘れるわけにいかないであろう。

たとえば、こういう事実を考えてみていただきたい。アッシュというアメリカの社会心理学者が行った一連の実験がある。[*1] 同調性の研究として有名な実験である。たとえば七人から九人くらいを一室に入れ、二枚のカードを見せる。一枚には一本の垂直な線（標準的線分）が引いてあり、もう一枚には三本の垂直な線が書いてあって、それぞれに1．2．3．と番号が振ってある。そして、三本の線のうちどれが、もう一枚のカードにある線（標準的線分）と同じ長さであるか判断して言うように、と言われる。一人ひとりが「1の線だと思う」とか「3の線だと思う」とか答えればいいわけである。ごく簡単な課題である。何回かこれをやるわけだが、そのうちに、誰もが口を揃えて、明らかに違っている番号を口にする。本当は二番目が同じものなのに、次々と、「3の線だと思います」と答えていくわけである。そういう時、最後に答える人がどうするかである。当然のことながら、困ってしまうだろう。どう見ても二番目の線がそれだと思うのに、他の人は口を揃えて三番目の線がそれだと言うのである。実は、この時の本当の被験者はその一人だけであって、他の人は皆サクラだったのである。しかしもちろん、当人はそのことを知らない。自分と同じようにカードを見ているはずの人が、自分の見ているところとは全く違うことを口にしているのである。内面ではきっと、自分の見たところをそのまま口にすべきか、それとも多数意見に従うべきか、といった葛藤が起こっていることであろう。で、その結果、大多数の人は、他の人の意見に従ってしまったのである。自分の目より、回りの人の判断の方を大事にして、同調してしまったのである。

後でインタビューしてみたら、三つのタイプの回答があったそうである。一つは、「自分の判断に自信が持てなくなって、他の人達の言う通りに自分も言っておこうと思った」というものである。これは、典型的な同調行動ということになるであろう。もう一つは、「自分の判断が正しいかどうかより、他の人達の言っていることと違っていては困るという気持ちの方が強く、他の人が何を言うかにばかり気を取られていた」というものである。これはもう単なる同調を通り越して、付和雷同と言うべきかもしれない。これに加えて、ごく少数ながら、「自分は、あの時は、本当にそう思ったんだ……」と、最後まで言い張る人もいたそうである。

人間は本当に弱いものである。「今年の雪は赤い」と誰か偉い人が言い出して、文化人と称する人達が「本当に今年の雪は赤い。これには、これこれのわけがあって……」と解説し、それで多くの人が異口同音に「雪が赤い！　雪が赤い！」と言うようになると、「自分にはそう見えないけど、やっぱりそう言っておかなくてはいけないのかなぁ……」と考えてしまう人も出てくるのである。「王様は裸だ！」と、何者も恐れることなく、公言する子どもの話があるが、自分の実感・納得・本音を、孤立無援を覚悟のうえで口にするということは、なかなか容易なことではない。

3　ミルグラムらによるアイヒマン実験

人間は容易に迎合・同調してしまうだけではない。時には簡単に残虐・残酷な行為をしてしまうこともある。特に、自分の側にそうするだけの大義があると思う場合には、普段の理性も寛容も投げ捨てて、他人に対し極めて厳しい態度で臨む、といった傾向が多くの人に見られるのである。これもまた、人間性に潜む基本的な弱さと言うべきであろう。

この問題について、やはりアメリカの社会心理学者であるミルグラムらは、一連の実験を行っている。[*2] これは、普通の人でも「大義」を持つと、驚くほど残酷な行為にまで走ってしまうことを実証したものであった。

具体的には、実験に参加してくれた人（二〇歳から五〇歳までの多様な職業を持つ人）に「生徒」の学習を監督し、「生徒」が間違いをしたら罰を与えてくれ、と依頼するわけである。「生徒」は単語の対を記憶していくのであるが、一つの単語と対になっていた単語を目の前のスイッチのどれかを押すことによって解答する。そして間違っていた場合には、罰として電気ショックが送られるわけである。ただし間違いのたびに電気ショックの水準を一つだけ上げ、高い電圧のショックを送るように言われている。この実験は教育上非常に重要なものであって、「生徒」に罰として電気ショックを送ることは実験のために不可欠のことである、とあらかじめ言われている。こういう状況で、実験への参加者が、指示された通りに、どんどん電圧の高いショックを送り続けるかどうか、を試してみたわけである。

その結果は、驚くべきものであった。多くの人は、「生徒」が悲鳴を上げようが、「もうやめてくれ！」と叫ぼうが、指示通り「危険」とされているところまで高い電圧のショックを送り続けたというのである。

ただし、実際には、電気ショックは贋ものであり、「生徒」の役を務めていたのは実験協力者であって、悲鳴も叫び声も演技であったが、この実験に参加した人は当然そのことは知らない。すべてが本当のこと、リアルな状況であるとして、その場で行動したのである。この実験結果から、われわれは、ヒトラーやスターリン時代の残虐を思い起こさざるをえない。そのあたりの普通の人が、自分にそれをしてよいだけの「大義」があると思い込むと、アウシュビッツの収容所での残虐のように、非人間的な攻撃性を発揮してしまうのである。この実験に「アイヒマン実験」という名がつけられたのも、当然のことと言えよう。またわれわれとしては、我が国の兵士達が、家では良き父、良き兄、良き息子であったにもかかわらず、第二次世界大戦中、中国で、あるいは他のアジア諸国で、数々の残虐行為を行った、という事実も思い起こさざるをえない。ごく最近のこととしては、一部の運動団体の人が、「平和」とか「人権」といった高邁な理念を掲げながら、同調しない人に対してリンチまがいの「抗議行動」をとることがあった、という事実にも思い当たる。

まことに悲しいことであるが、自分の側には「大義」があると思い込むと、そして相手の側にはその「大義」が決定的に欠けていると思い込むと、驚くほど残酷に対応できる、というのが人間性の一面なのである。

子どもにも大人にも現実にそういう弱さが見られるからこそ、一人ひとりの内面に、権威にも「大義」にも振り回されない、しっかりした原理を育てていきたい、と願うのである。真に自分自身のものと言い得る実感・納得・本音の世界、そして健康的で前向きの活力にあふれた自己認識、そこには落ち着くべきところに落ち着いた揺るぎない自己概念、こうした内面的原理の育成も、こうした意味における真の自立の基盤づくり、という視点から考えられるべきではないだろうか。

4　自分自身への気づき

自己認識・自己概念は、われわれのごく幼少の折から、少しずつ発達していく。[*3] たしかに、自我の確立とかアイデンティティの明確化といった言い方がされるように、自分自身を明確な形でとらえ直し、きちんとした形での自己理解と自己規定をするようになるのは、多くの場合、青年期になってからのことであろう。この意味で、自分自身のことが自分にとって真に大きな課題となるのは、一般には、青年期以降のことである。しかし、このことは、それ以前の段階において、自己理解や自己規定が重要でないとか、あるいは不必要である、ということを意味するものでは決してないのである。たとえば、我が国においても、小学校低学年においてさえ、自己認識の芽を育てることをめざした教育活動（特に生活科など）が見られるのである。[*4]

自己認識・自己概念の最も原初的なものは、自分自身についての気づきであろう。われわれはさまざまの活動を通じて、まず、自分自身の多様な面に気づいていかねばならない。またこれと同時に、自分自身にかかわる体験を豊富にし、自己理解を深め広げていくための素材を、蓄積していきたいものである。これが自己の内面の原理となる自己認識・自己概念を形成していく第一歩となるのではないだろうか。

しかし、自分自身についての気づきと言っても、それほど単純ではない。まず、非常に一般的で基礎的な形での「自分自身への気づき」について考えてみることにしたい。これは、さまざまな活動の中で、自分の活動そのもののあり方やその効果などにふと気づく、といったタイプのものである。こうした気づきにもまた、いくつかのタイプのものが考えられるだろう。

その第一は、自分の活動の仕方そのものに気づく、というものである。自分はこんなことに関心があったのだ、自分の感じ方・考え方は他の人のものとずいぶん違っているようだ、などといった気づきである。これは活動の中での直接的な振り返りであり、自分の活動のあり方そのものについての認識、場合によっては自分の認識のあり方そのものについての認識（一種の「メタ認知」）である。

第二のタイプの気づきは、活動の中で自分の能力や機能が分かってくる、といったものである。自分の手はこんなことができるのか、自分の身体をこういうふうにするとこんなことまでできるのか、こういう順序で作業を進めていくと自分にもこんな立派なものができ上がるのか、などといった形での自己発見である。これは、自分の能力・機能について新たな認識を得ること、と言ってもよい。

第三のタイプの気づきは、自分なりに取り組んだ成果の確認、あるいは努力の結果についての認識、とでも言うべきものである。自分でもやればやっただけのことがある、自分が頑張ってやるかどうかで結果としていろいろなことが違ってくる、などといった気づきである。これは自らの活動への取り組みとその成果との関係についての自己評価であり、また、それを通じての効力感の獲得とも言えよう。これによって、われわれの心の中に深く巣くいがちな無力感が克服されていくことを期待したいものである。

ここにあげたのは、基本的なもののみである。さまざまな気づきというだけにとどまらず、自分自身を対象化し、見つめ直さざるをえない機会もあるであろう。あるいは、周囲の人達との会話の中から、周囲の人の目に映っている自己の姿を感じ取り、新たな自己洞察を得ることもあるであろう。さらには、花や虫や動物を世話したり、それらと遊んでいる中で、自分自身との共通性をそこに感じ取る、という形での自己発見もあるかもしれない。自己認識を育てるということは、基本的には自分自身についての豊かな気づきを多面的に深めていく、ということであるにしても、そうした気づきと気づきとをつなぐ「考え」もまた、少しずつでき上がっていかなくてはならない。多様な自己発見を統合整理していくうえでの軸となる考え方が、どうしても必要になるのである。つまり、この意味において、最終的には、自己概念というところまで深まった自己認識が、どうしても必要とされるのである。

5　基盤的な自己認識・自己概念として

自分自身についての気づきという段階を越えて、自己認識・自己概念を育てていくにしても、具体的にどのようなポイントを持つ自己認識・自己概念が望ましいのか、また、この現代的な社会文化的状況において不可欠の重要性を持つのか、といった点については、いろいろな考え方が可能である。また、年齢段階、発達段階によっても、ポイントは異なってこざるをえない。

ここでは、そうした議論を展開していくうえでの手がかりないし叩き台として、私自身が、日頃から特に重要なものと思い、私自身についても、また周囲の一人ひとりについても、その実現を願っている点を、以下に、ごく簡単に列挙しておくことにしたい。

まず最も土台となるのは、次のような諸点であろう。

(1)　自分自身について多面的に知り、理解していくこと。そして、自己の現実を、その光の面も影の面も含め、基本的にはそのままの形で受容するようになること。これはまさに出発点である。「汝、自らを知れ！」は、ごく幼少の頃から考え続けていくべき課題、と言ってよいであろう。

(2)　自我防衛的で自己中心的な自尊感情、思い上がった鼻持ちならぬ「誇り」を捨て、現実的で開かれた穏やかなプライドと自信を持つようになること。プライドや自信を欠いては、精神的な健康を保てないが、といって、それが歪んだ形で維持されたり高揚されたりすれば、社会的に不適応とならざるをえないし、また心理的にも問題を引き起こすことになる。適切で現実的な自尊感情の維持・高揚のあり方について、さまざまな場での訓練が必要であろう。

(3) 自分はどういうあり方・生き方をしていけばよいか、といった自己のあるべき姿について、柔軟ではっきりした方向性のあるイメージを持つようになること。これは特に青年期以降、大きな課題となるであろう。単なる憧れや夢でなく、志や使命感といったところにまで、こうしたイメージが結晶していくことを望みたいものである。

(4) 自分自身と同様、他の人も自分のことに一喜一憂し、自分が世界の中心にいるかのように考え、こだわらざるをえない存在である、ということをよく理解するようになること。人間誰しもが免れられない自己中心性についての洞察を深めていくことによって、独善に陥りにくくなるであろうし、また人間嫌いといった状態にも陥らなくて済むであろう。この点に関しても「人も我も、共に、是れ凡夫なるのみ」という認識が必要なのである。

(5) 自分自身は、過去から未来へと、一貫して存在し続けるものであるにせよ、現実に存在し機能しているのは、「今」「ここ」の自分でしかない、ということを実感し、理解するようになること。これは自己のアイデンティティの確認と実存性の確認とを、相即的に深めさせたいということである。この点は、高校生、大学生以上の段階において、特に重要となる課題、ということになるであろう。

6 日常の活動を支える自己認識・自己概念として

さて、われわれの日常生活を考える場合、それを支えるものとして、次の三点が特に着目すべきポイントとなるのではないだろうか。これらはいずれも、一人ひとりが自分から積極的に活動していく際に不可欠の原理になる、と考えられるものである。

(6) 自分でも頑張って努力さえすれば、それなりの成果をあげることができる、ということを実感し、理解するようになること。これは、励ましと達成感の積み上げによって効力感を獲得させていくこと、と言ってもよい。さらに言えば、自分自身の願いは、自分自身の努力によってしか実現できない、という自決と自己責任の感覚を獲得していくこと、とも言えるであろう。

(7) 絶えざる学習を通じてはじめて、自分自身を豊かにし成長させることができる、ということを実感し、理解するようになること。これは、人間にとって、学習するということ自体がいかに重要であり、意義あることであるか、十分に理解することであり、そうした認識のうえに立って、自己の出会うあらゆる場、あらゆる人を、学習の機会として活用する、といった姿勢・態度を確立することと言ってよい。

(8) 嫌なこと苦しいことから逃げないで、真正面から取り組んでいってはじめて、精神的な充実感を得ることができる、ということを実感し、理解するようになること。これは、克己と対処の姿勢の意義と重要性に気づくよう、日常生活のあらゆる場面で配慮し、工夫していくことによって実現する、と言ってもよい。

7 生涯にわたっての生き方を貫く自己認識・自己概念として

さらに、われわれ一人ひとりが、長い生涯にわたって、人間として深まり、豊かになっていくとしたなら、その内面世界に、少なくとも次の三点にわたる自己認識・自己概念が形成されるべきではないだろうか。

(9) 自分の将来はチャンスと可能性に満ちており、基本的には「青天井」である、という自己概念を持つこと。すべてがうまくいくように思える時期と、すべてがうまくいかないように思える時期とがある。しかし、「禍福はあざなえる縄のごとし」であり、目先のことに一喜一憂することなく、希望を持ってその時々のやるべきことをやっていけばよい、という考え方をすべきである。いやもっと積極的に、「天命を信じて人事を尽くす」といった気概を持つべきであろう。

(10) 自分自身が、人々によって、さらには大自然の力によって、「生かされている」という自己概念を持つこと。さらには、それを土台とした「脱自己中心的」で満足感・充実感にあふれた人生観、世界観を持つこと。自分の力で生きていくしかない、などと気張ったり、悲壮な覚悟をしたりするのでなく、われわれは今までも、人々の中で、多くの人に支えられて生きてきたのであり、これからもそうである、ということに気づくこと。さらには、自分が生きているというよりは、大きな自然の力によって生かされている、と言うべきである、という認識を持つこと。この根本的な事実を理解するならば、われわれは肩の力を抜いて、安心して生きていけるはずである。

(11) 自分が基本的に生かされているのだとしたら、自分も何か自分にできることで周囲に貢献する、というのが自然であり当然である、という自己概念を持つこと。言い換えるならば、自分自身が他の人のために、また自然界をも含めた世界のために役立つ働きをするということは、存在論的な意味での基本的義務であり、またそのことは自分に本来可能であることを実感し、実際にそうした働きができるよう工夫し努力する姿勢を持つこと。この意味において、比叡山を開いた最澄の言葉にもあるように「照一隅」という姿勢が大切であろう。誰もが自分のために準備された「一隅」を、一生懸命照らす努力をしなくてはならないのである。必ずしも大きな使命や働きを考える必要はない。自分に可能なささやかな貢献で結構である。しかしそれをやらないままでは、人間として大きな顔をして生きていくことができないではないか、ということなのである。

これらはいずれも、人間としてたくましく、深く、しかも人々と大自然の中で生かされながら生きていくうえで、不可欠のポイントと言えるのではないだろうか。

＊1　Asch, S. E. "Studies of independence and conformity. — A minority of one against a unanimous majority." *Psychol. Monogr.*, 1956, 70, no.9 (whole no.416).

＊2　Milgram,S. *Obedience to Authority — An Experimental View.* Harper & Row, 1974.（『服従の心理――アイヒマン実験』岸田秀訳、河出書房新社、一九八〇年）

＊3　たとえば、梶田叡一編『自己意識の発達心理学』を参照。

＊4　アメリカ合衆国では幼稚園から高校まで、自己認識・自己概念にかかわる一貫した教育カリキュラムを準備している例がある。梶田叡一『子どもの自己概念と教育』東京大学出版会（UP選書）、Ⅳ-2を参照。

Ⅳ

自己実現と志と

第8章 「心」の望ましいあり方の実現のために

1 自他の内面のあり方への願い

誰もが独自の内面世界を持ち、それがその人の具体的なあり方を支えているという基本事実があるとしても、それは必ずしも、各自の内面世界がそのままの形で十分なものだとか、誰もが他の人の内面世界を「それでよし」と全面的に肯定していくべきだとか、ということを意味するものではない。自分自身の内面世界のあり方についても同様である。

もちろん、他の人の内面世界に干渉する権利など、誰にもない。一人ひとりが何をどのように感じ、認識し、こだわり、またそのうえでどのような判断や決断を下そうと、基本的には、その人の勝手である。他人の知ったことではない。しかし、たしかにそうなのであるが、なかなかそのようにスッパリ割り切れるものではない。その人の内面世界が、適切なもの、充実したもの、躍動を秘めたものであるよう願うことは、肉親など身近にあって深くその人にかかわっている人にとっては、自然の情と言うべきであろう。いや、その人の内面世界が、その人の外的な態度や行動のあり方を支えているのだとしたら、その人と何らかの意味でかかわりを持つ人の誰もが、その人の内面世界が望ましいあり方であるよう願わないではいられない。そうでなくては、はた迷惑な事態さえ予想されるからである。

いずれにせよ、その人の内面世界に、明らかな誤解や認識の歪みが含まれているように見受けられる場合には、何とかそれが是正されるよう、外からいろいろと言葉をかけたくなるであろう。また、その人があまりにも自己中心的な見方、考え方をしているように見える時には、その独善的な内面世界のあり方について、どうしても忠告してバランスのとれたものに是正してやりたい、と思うこともあるのではないだろうか。また、その人がひどく落ち込んで、すべてを悲観的にしか考えられなくなり、暗鬱な内面世界に閉じ込められているように見受けられる場合には、外から楽観的な見方や材料をいろいろと言って、支えたり励ましたりしたくなるのではないだろうか。

自分自身の内面世界に関しても、基本的には同様である。自分にその時点でもたらされている感じ方、考え方をそのまま受け入れ、自分にとってそう思えるがままのイメージや感情で生きていくことができれば楽であろうが、なかなかそうはいかない。人間は基本的に対自的な存在であり、しかも自分自身の向上・発展を常に願う存在だからである。だからこそ、あるがままの自分に満足することなく、何がしかの反省と自己吟味によって、自分自身の内面にあるものを、あるいは内面のあり方それ自体を、常によりましな方向へと変えていくよう努めざるをえなくなるのではないだろうか。

2　幸福と不幸のタイポロジー

人が生きていくうえで最も願い求めるものと言ってよい「幸福」も、基本的には、その人の内面世界のあり方次第である。つまり、「幸福」とは、客観的に何があるとか、どういう条件が揃っている、といったことにかかわるものでなく、その人の内面世界が生き生きとした意味感にあふれ、満たされた思いの中で静かに躍動している、という状態のことと言ってよい。これとは逆に、さまざまな形での「不幸」も、頼りにしていたものが失われてしまったとか、空しく無意味な毎日を耐えていかねばならない、といったように、希望や意味感を喪失した内面世界をかかえて生きていかざるをえない状態のことと言ってよいであろう。

古来、我が国の仏教では、六道とか六趣と呼ばれる考え方が、繰り返し説かれてきた。これは、人が死んだ後で、その業に従って輪廻転生する六つの世界のことであるとされるが、しかし基本的には、生きている現実の人間の状態を表現したものとして理解した方がよいであろう。つまりこれは、人の内面世界のあり方を、最も厭《いと》わしいものから最も望ましいものまで、六つに区別したものとも考えられるのである。すなわち、一番下の「地獄」は、阿鼻叫喚の世界であり、あらゆる苦しみに責め立てられる状態を表したもの、次の「餓鬼」は、飢え渇きの世界であり、満たされぬ欲求に振り回される状態を表したもの、第三の「畜生」は、弱肉強食の世界であり、自己中心的な発想と感覚にがんじがらめになった状態を表したもの、第四の「修羅」は、闘いの世界であり、自己優越への欲求と猜疑心とに振り回される状態を表したもの、第五の「人」は、人間としての根本的な苦しみの世界であり、生病老死の四苦にとらわれた状態を表したもの、第六の「天」は、人間的な苦しみにとらわれない世界であり、楽多く苦しみの少ない状態を表したものであるが、生身の人間であることからくる身体の汚れや老いによる衰え、死の苦しみなどを免れることはできない、とされる。この上に「声聞」「縁覚」「菩薩」「仏」といった四段階の悟りの世界を加え、十界とする考え方も、基本的には、人の内面世界のタイポロジーとして受け止めることが可能である。

デーモン（悪魔）の存在を想定し、心の中でどのようにデーモンと闘うかを大きな課題として設定したキリスト教の発想もまた、人の内面世界の基本構造を照らし出すものと言ってよい。

こうしたことを考えてみると、人間は古来、自分の身近な人について、また自分自身について、内面世界の「厭わしい」あり方を少しずつでも克服し、「望ましい」あり方を実現していきたい、と願わずにはいられなかったことがうかがわれるのではないだろうか。さらには、そうした「望ましい」内面世界へと変容していくよう、自他に対してさまざまな働きかけをしないではおれなかったことも理解されるのではないだろうか。

3　望ましい内面世界の諸条件

しかし、内面世界のあり方をどのようなものへと変革していくべきか、という具体的な内容・方向については、時代により、文化により、あるいは個々人の体験などによって、微妙なニュアンスの違いが見られないわけではない。誰もが同じような形で内面世界の「望ましい」あり方や「願わしい」特徴を考えているわけではないのである。したがって我が国においても、現在、広義における修養を重視し、実践を提唱する宗教団体、教化団体などからは、それぞれの立場なり視点なりに立った多様な見解の表明が見られる。

確かに内面の望ましいあり方に関しては、さまざまな意見があるであろうが、少なくとも、次のような諸点については、多くの人が重要かつ不可欠の目標として認めるのではないだろうか。

(1) 基本的な認識が、他の人と共有でき、また現実への多様な働きかけの中で検証される、といった妥当性を持っていること。自分だけの思い込みや幻想に満たされた内面世界では、どうにもならない。また、独断や偏見が強すぎるといったことでも困る。

(2) 平安で、充実感と喜びがみなぎった内面世界であること。空虚な気持ちに満たされていたり、怒りやむさぼりの気持ちで波風が吹き荒れているのでは、どうにもならない。また、悲観主義・ネガティビズムに陥って、すべてを悲観的な面からしか見られない、すべてを悪い方悪い方へとしか考えられない、というのでも困る。

(3) 広く開かれた関心と、豊かで鋭い感性を秘めた内面世界であること。狭い世界に自分を閉じ込めていくような気持ちの持ち方では困る。また、ごく限られたことしか感じ取れないとか、何を見ても何を聞いても心が動かない、ということでも困る。

(4) 借り物でない自分なりの実感・納得・本音にもとづく内面世界であること。腹の底から自信を持って自分のものだと言いうる感じ方や考え方がなくては、結局のところ、いつでも周囲の様子をうかがい、それに合わせるのに汲々としていくことになる。また、実感・納得・本音といった土台にもとづかない判断や行動は、自分自身にとってよそよそしいものとなり、自分でも自信の持てないあやふやなもの、その場限りの無責任なものにならざるをえない。自分の内面世界が、自分自身にとって最後の拠り所になってほしいものである。

(5) 自分の能力や可能性についての自信と効力感を秘めた内面世界であること。自分自身が何かをやれそうだという感覚、自分でも頑張りさえすればいろいろと達成できそうだという感覚、が大切である。逆に、自分は何をやっても駄目だ、という無力感や、自分なんか取るに足らない卑小な存在だ、というインシグニフィカンス（非重要性）の感覚が染みついてしまっていては困る。

(6) 自分から他の人にかかわっていくという愛情や思いやりを秘めた内面世界であること。硬直化した自尊心やプライドがあっては、他者に対する温かい能動性はとうてい無理である。もちろん、利己心も大きな阻害要因になる。自己中心的な感情の動きを克服し、広く開かれた温かい関心を他の人達に惜しみなく注げる、ということであってほしいものである。

(7) 自分にとっての「真実」を求めて、絶えず現実検証と自己内吟味をしつつ、自己の認識を深めていこうとする姿勢を秘めた内面世界であること。でき合いの「常識」に安住したり、自分にとって都合のいい見方や考え方に固執したりするのでは困る。また、自分の認識が陥りやすい自己中心性や御都合主義に対する警戒心がないのも困る。

ここにあげたのは、当然のことながら、他の人に対して願うところであるばかりではなく、自分自身の場合についても願わざるをえないところである。しかし、われわれは、自己の内面世界のあり方に関して、ここにあげたような願いを本当に持っているのであろうか。そうした願いのもとに、自己の内面世界のあり方を吟味検討してみる機会を持っているのであろうか。忙しい日常生活の中ではあるが、こうした点について自己を振り返ることのできる時間を、コンスタントに持てるよう努めたいものである。ここに述べてきた七つのポイントは、とうてい人ごととして済ますわけにいかないのである。

4 自覚ということ

さて、自分のことを反省し吟味してみることとの関連において、自覚ということが強調されることがある。自覚とは、自分を振り返る働きのことであり、またそうした振り返りの結果としての気づきのことである。しかし自覚が強調される場合に、特に問題となるのは、自己の内面世界を貫くものは何かであり、またその人の内面世界のあり方において何らかの意味で原理となっているものは何かである、と言ってもよい。つまり、ここで暗黙のうちに課題とされているのは、一人の人間としての、また人類社会の一員としての自分自身に、深い地点で気づくことにほかならない。そうした基本的根源的な気づきが内面世界の柱になっていてほしい、というのが、自覚が強調されることの底に潜んでいる意味ではないだろうか。

自覚するということは、当然のことながら、自分自身について単に反省してみることではない。自己の単なる意識化、対象化ではない。「迷妄を断じ、正法を悟る」(『広辞苑』岩波書店)という意味をはらむものである。もう少しおとなしく言えば、「真理性、誠実性との関係において自己を反省すること」

（『哲学事典』平凡社）である。その具体的内容は、自分自身の置かれている状況を認識し、それとの関係において自分自身の現実のあり方を吟味検討し、それを足場に他の人達のあり方にも目を向け、そうした過程を通じて自分についても他人についても当てはまる「人間としての望ましいあり方」に気づき、それを一つの信念として育てていって、ものの考え方や行動の仕方、生活の仕方のすべてが、その信念にもとづいて行われるようになる、ということであろう。しかしながら、そこでの認識や信念は、皮相なものであったり、独りよがりのものであってはならない。深いもの、本質的なもの、人間としての真実に根ざしたもの、でなくてはならないのである。

こうした自覚の上に立ってはじめて、真の自己教育も可能になる。つまり、自分自身の人間的完成をめざして常に自分自身に働きかけていく姿勢と力は、こうした自覚を土台に育ってくる、と言ってよい。さらには、その人の個人的社会的なあり方の総体が、こうした自覚を基礎に形成されると言えるであろう。

しかし、自らを省みた場合、そうした自覚を持ち、それを土台に日夜頑張っている、と胸を張って言い切るには、ためらいがあるはずである。これは本来、われわれ一人ひとりが、その一生をかけて追求していくべき大目標、とでも言うべきものにほかならないからである。

いずれにせよ、「自覚」が育っていくうえで大事なのは、自分自身についての多様な気づきの機会を持つことであろう。そしてその上に立って、自分自身についての多様な吟味検討の機会を持つことであろう。自分自身のことが自分にとって大きな課題となるのは、一般に青年期と初老期であると言われるが、それ以外の人にとってもこの問題はひとごとではない。自分自身についての気づきや吟味検討を促進する条件作りについて、もっと論議されてもよいのではないだろうか。

5　もう一人の私を育てる

ところで、そうした「自覚」のために、「もう一人の私」を想定し、その「まなざし」のもとで自分自身の現実のあり方を常に見つめていく、ということが勧められることがある。

われわれは、日常の雑事に埋もれ込んだまま、毎日を送ってしまいがちである。しかし、そういう無自覚なあり方をしている限り、何の前進も発展も望めない。だからこそ、自覚ということも言われるわけである。自分自身の内部に「もう一人の私」を育てるとは、埋もれ込み流されようとする自分に気づき、そうした自分を見守りつつ着実に自分を前進させていく、といった「自己へのまなざし」を育むことであろう。

自分自身への気づきという点から言えば、自分が何らかの課題や他者とかかわりを持つ時、次のようないくつかのタイプの意識のあり方が想定されるのではないだろうか。これはそのまま、人間としての低次のあり方から高次のあり方へのステップを示すものと考えてもよい。

まず第一段階は、〔即自的没入〕である。これは、自分自身への振り返りが全くないまま、そこでのかかわりに没頭している、というあり方である。動物的とか本能的とか言われることもあるあり方であるが、最も幸せなあり方の一つと言ってもよい。

第二段階は、〔対自的意識化〕である。これは、自分の考えていること、やっていることに自分で気

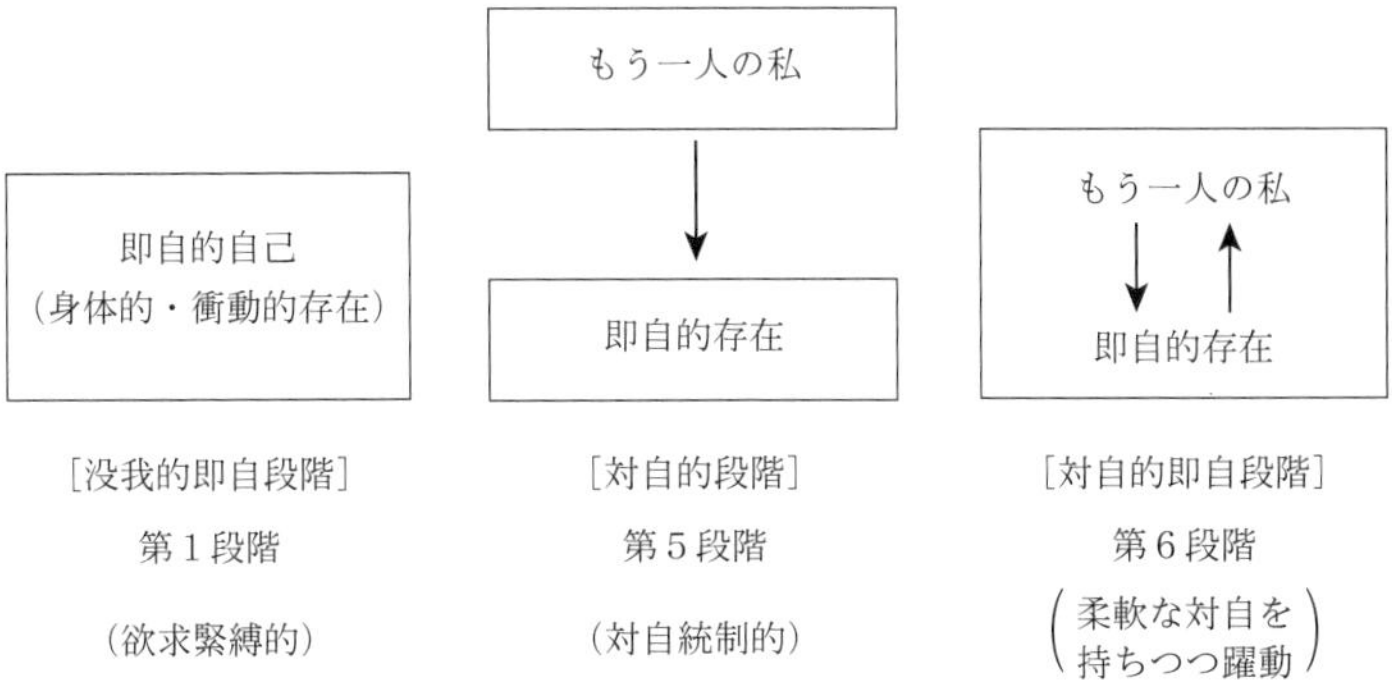

図 8-1 「もう一人の私」の出現の心理的意義

づく、というあり方である。この場合、時には、自分の考えや行動を頭のどこかで意識しつつ、そこでのかかわりを持つ、ということもあるであろう。

第三段階は、〔他者のまなざしの意識〕である。これは、他の人が自分の考えや行動をどう見ているかに気づく、というあり方である。この場合、時には、他の人の目を頭のどこかで意識しながら、考えたり、やったりする、ということもあるであろう。

第四段階は、〔他者の目の取り入れ〕である。これは、あの人なら自分のこの考えや行動をどう見るだろうか、ということを考えたり気にしたりする、というあり方である。この場合、時には、そうしたこだわりを念頭に置きながら考えや行動を進めていく、ということもあるであろう。

第五段階は、〔自己内対話するもう一人の私の成立〕である。これは、自分の内部に、自分自身の現状に絶えず気を配り、自分自身と対話しながら、時には自分自身を励ましたり支えたりし、また時には自分自身を叱ったり方向づけたりする、といった働きが存在する、というあり方である。これこそまさに、「もう一人の私」が私の中に生まれ育った、と言い得る段階と言ってよい。

第六段階は、〔高次の没我〕である。ここではまた、自分自身に向けられたあらゆる「まなざし」は消失する。その身そのまま、すべてを内的な促しに任せた状態である。しかし、自覚し、自己内対話を重ねる、というあり方を通ってきたうえでのことであるという点で、第一段階の〔即自的没入〕といったあり方とは異なるであろう。図8-1にも示すように、この場合の「没入」は対自的な要素を含んだうえでの即自なのである。

さて、このうちの第五段階が、ここで述べてきた「もう一人の私」という課題に直接的にかかわるものである。しかし、もう少し考えておくべきなのは、そこでの「自己内対話」とは「私自身」にとってどのような意味を持つものなのであろうか、ということである。そして「もう一人の私」は、「私自身」と、どのようにかかわってくるのだろうか、ということである。特に教育的な視点から考えた場合、「もう一人の私」は、「私自身」と、どのようなかかわりを持つことが望まれるか、という点は重要であろう。「もう一人の私」にしても、「自己内対話」にしても、そのままではネガティブな可能性をも持ちうるからである。

たとえば、「自己内対話」が最もネガティブな形で出てきた場合、「私自身」に不毛な形でこだわり、悩む、ということになるであろう。そこまでいかなくとも、「私自身」を意識しすぎて動きが取れなくなる、という場合が考えられないわけでない。これでは、自分の足を意識しすぎて歩けなくなった百足《むかで》のようなものである。これは「自己内対話」によって不毛な形での自己緊縛が生じる、といった場合と言ってよい。

これに対して「自己内対話」によって「私自身」を節制させ、我慢させるとか、「私自身」を批判し、叱り、新たな奮起を促す、といったあり方があるであろう。これは「自己内対話」によって建設的な方向に向かっての自己統制がなされる、といった働きと言ってよい。こうした自己統制的な「自己内対話」が認識的な側面にまで拡大していくならば、「私自身」に他の異なった視点、発想、意見、立場を突きつけ、「私自身」が独善や偏狭に陥らないための歯止めとなる、というあり方にまで発展していくことになるであろう。「自己内対話」の第三のあり方は、それによって「私自身」を受容し、支えるとか、「私自身」を励まし、方向づける、といった働きをする、というものである。これはまた、自分自身を同伴者として生きる、という生き方であると言ってもよい。「自己内対話」によって自己受容的で自己支援的な形でのかかわりを自分自身との間に実現していく、ということになるのである。

この最後のあり方は、先に述べた〔高次の没我〕に近いものと言ってよい。「もう一人の私」は、最終的にはあまり意識されることなく、きわめて自然な形で自分自身を支え続けていけるようになるのが望ましいのではないだろうか。

6　内的自然に根ざした主体性を

ホルクハイマーとアドルノの『啓蒙の弁証法』[*1]によれば、ヨーロッパにおける「主体性」追求の原理は、結局のところ、「自然支配」にほかならない。科学や技術によって「外なる自然」を支配し、道徳や教育によって「内なる自然」を支配し、さらにそれらを社会的に支配することによって、人間は自己を主体として確立してきた、と彼らは言う。しかし「内なる自然」を支配し抑圧することによって、今や生の目標は見失われ、「外なる自然」を支配しようという目標意識も失われつつある。そして「自然へ頽落する」ことになってしまう、と言うわけである。

しかし、こうしたヨーロッパ文明の行きづまりは、ここで述べてきた考え方からするならば、当然至極のことと言ってよい。たとえば、われわれの考える「主体性」が「実感・納得・本音」の世界に立ち返り、それを深化・拡大していくことであるとするならば、それは「内的自然」の探究と再発見であり、そうした「内的自然」との新たな連携をめざすものであろう。このことは、意識なり理性なりとしての「自我」の主権を、「内的自然」にかなりの程度まで譲渡することと言ってもよい。意識なり理性なりといった形での「自我」と「内的自然」との共同統治、言い換えるならば、「内的自然」に十分浸透された形での「自我」の形成とその機能の発現、これこそが真の「主体性」のあり方ではないであろうか。

われわれ現代人は、この意味において、自分自身の「内的自然」との対話をもっと深めていかねばならないであろう。「内的自然」に立ち返ることは「頽落」でも何でもない。衝動であれ欲望であれ、「内的自然」が真に生きているところにしか生の目標は生まれてこないのである。そして、こうした基盤を欠くところに「主体性」など存在しようがないことを、われわれは銘記すべきではないだろうか。

＊1　ホルクハイマーとアドルノ『啓蒙の弁証法』徳永恂訳、岩波書店、一九九〇年。原書刊行は、一九四七年。

第9章　自己実現への渇きと促しを

1　自己実現とは

人間は誰しも、可能性のかたまりである。そして、自分自身の手でそれを一歩一歩現実のものとしていくことができる。このことは、究極的には、一人ひとりが自分自身の創造主体でありうる、という意味において、大きく誇るべきことであろう。しかしこれと同時に、自分の現実の姿に自分自身が責任を取っていかねばならない、という意味では、大きな重荷となる点でもある。自己実現という概念は、このように、自己の大きな可能性に対して目覚めさせてくれるものであると同時に、自分自身のあり方に対する自己の責任をあらためて問いかけるものと言ってよい。

こうした自己実現ということを、非常に安易に、単なる社会的進路の選択の問題として理解している人もいないではない。どのような学校に進み、どのような職業についたら自己実現になるのか、というイメージである。そしてそこでは、社会的な成功や高い評価と自己実現ということとが、微妙な形で重なり合って考えられることになる。しかし、この考え方は間違いである。もう少し穏やかに言えば、自己実現ということの意味を表面的外面的にのみ受け止めた、不十分な理解の仕方、矮小化された理解の仕方と言わねばならないであろう。

自己実現とは、自分自身に対して働きかけ、それまでになかった何かを、自分自身の上に実現していくことである。そして、そうした何かの実現は、価値的なものであり、人間としての成長・発達の達成として考えられるものでなくてはならない。

もちろん、成長・発達といっても、その具体的な内容として想定されるところは、きわめて多岐にわたるであろう。たとえば、いろいろなことについて広く認識し、物知りになることも大切であろう。また、仕事上の優れた企画を立て、その実現に向かってさまざまの手段を講じるといった実際的な実行力を身につけることも大事なことである。しかしながら、これら二つの方向は、同じく成長・発達であるとしても、相互にほとんど無関係と言ってよい。さらには、これら二つのタイプの成長・発達と、心境が深まって毎日の生活が味わい深いものになることとは、とても同列に論じるわけにいかない。ましてや、ゴルフやテニスが上達することは、全く異なった次元での成長・発達として考えるべきである。したがって、自己実現への取り組みといっても、どのような次元での成長・発達をそこで想定するかによって、全く話が異なってこざるをえないのである。

2　その人がその人に成り切る

自己実現ということで本来考えられるべき根源的な成長・発達とは、どういう次元・内容であっても成長し発達すればいいということではない。一言で言い切ってしまうとすれば、生きていくうえで必要とされる認識の世界を広げ、問題を創造的に解決していく力や物事を理性的に判断できる力を身につけ、人間として深まっていくと同時に内面世界に一貫した原理を形成し、自分自身の完全燃焼を可能にするという方向ではないだろうか。人間として本質的な意味での重要性を持つものは何であるのか、ということを常に念頭に置きながら、自己実現の内実を考えていかねばならないのである。

この意味で言うならば、最も深い水準での自己実現とは、その人が本当のその人に成り切っていくことであると言ってよい。その人が本当にやりたいことをやれるようになることであり、その人が本当にやり遂げたいことをやり遂げられるようになることである。そのためにこそ、さまざまな認識や能力も身につけていかなくてはならないのである。

もちろん、自分が本当にやりたいことをやっていくための手段として、何らかの具体的な職業的場に身を置くとか社会的な資格を獲得するということが必要になる場合もあるであろう。しかし、そのこと自体が自己実現ではない。つまり、医者になりたい、ＴＶタレントになりたい、と思っていた人が、やっとのことで医者になれた、ＴＶタレントになれたとしても、そのこと自体は決して自己実現ではないのである。それは、むしろ、自己の憧れの実現と言うべきであり、似て非なるものと言ってよい。

本当の自分に成り切っていくためには、まず、本当の自分に気づかなくてはならない。われわれは、毎日の生活の中で、知らず知らずのうちに、周囲の人に迎合したり、同調したりしている。そして、周囲の人の考えが自分の考えであるかのように錯覚し、周囲の人から批判されないように、後ろ指さされないようにと、気を使いながら生活している。さらに言えば、世の中の人に評価され、拍手喝采される方向に、自分の外面的な立場や姿をどのように整えていくか、ということに努力しつつ毎日を送っている。

そうした中で、自分に本当にピンとくるものは何か、という自分の本当の感覚に気づかないままになっていることが多い。そして、自分の本当にやりたいことは何か、ということも分からなくなってしまいがちである。しかし、こうしたあり方を続けているかぎり、自己実現など縁遠い話である。迎合や同調がうまくいき、周囲の人との人間関係も円滑で、社会的に高く評価される地位につき、本人もそのことに十分満足しているとしても、それは決して自己実現ではないのである。

3　意識されざる営みを大事にしつつ

ところで、自分自身を創りあげるとか自己実現とかいうと、そのための意識的計画的な取り組みがどうしても不可欠である、と考える人もいるのではないだろうか。

世の有識者が自己形成や自己創造の重要性を説く場合にも、そのための目標や計画や努力といったことを強調しがちである。しかし現実には、自分自身のあるべき姿について、はっきりとした具体的な目標意識を持ち、その実現のために詳細な計画を立て、そこに設定されている原則と手順に沿って四六時中努力している、などという人はまれであろう。大半の人は、そうしたことについてはほとんど考えることなく、毎日毎日、目の前の雑事を片づけていっているだけ、と言ってよい。

では、そういう人達は、自己実現ということと無縁なのであろうか。毎日、自分の目標を意識し、それに向かって意識的に努力する人だけが、自己実現できるのであろうか。いや、必ずしもそうではない。つまり、自己実現と言っても、ほとんどの場合、その多くは意識されないままに行われていくのである。そして多くの人は、自分自身の過去を振り返り、そこに何がしかの一貫した成長、発展の跡を見て取った時にはじめて、他ならぬ自分こそが自分自身を創り上げてきたのだ、という事実に気づくのではないであろうか。

人間は常に、自分自身が、自分にとって許せるものであるよう、もっと積極的には、自分にとって好ましく望ましい状態となるよう、意識しないまでも、強く願っている。そして、そうした無意識的な願いの範囲の中で、今ここでの自分の姿をコントロールし、これから自分がやるべきことを求めたり選んだりしている、と言ってよい。

この場合の願いは、もちろん、明確な目標や目的の形を取るものでなく、本人にも意識される機会はそう多くないであろう。しかしこうした無意識の願いが一貫したものであり、根強いものであるなら、長い年月の間には、その願いの方向に向かってその人の具体的なあり方が形成されていくのは当然である。したがって、こうした無意識の願いそのものをどのように強化し、一貫したものとするか、またそうした願いがその人の現状を枠づけ、将来へ向かって方向づけていく働きをどのように強化するか、ということが、その人の自己形成、自己実現の力を増大するために不可欠の課題となるであろう。

4　内的な渇きや促しを

ある願いがその人を長い年月にわたって導き、方向づけるとするならば、それは、その人の実感の世界に深く根を下ろしたものでなくてはならない。実感の裏づけのないタテマエ的なことをどれだけ願いにしようとも、その人自身を一つの方向に向かって着実に伸ばしていくことは不可能である。どんな状況にあっても、常に自分を伸ばしていこう、自分の中身を豊かにしていこう、と積極的な態度を持ち続け、頑張っていくようになるためには、何よりもまず、その人の内面世界に、その人の実感に支えられたある種の「渇き」ないし「促し」が存在していなくてはならないのである。自分はもうこのままで「御の字」だ、と満足しているところからは、自己形成、自己実現への動きなど出てきようがない。飽食も安逸も、この意味において、自己実現とは最も無縁の心的状態をもたらすものと言ってよい。

しかし問題は、何についての「渇き」ないし「促し」なのか、ということである。お金や地位・名誉に対する「渇き」も、たしかに人を新たな自己の創造へと強く動機づけるものであろう。あるいは自分が当面せざるをえない仕事を、何とか有効適切にやり遂げなくては、といった「促し」も、人を新たな自己形成へと向かわせるものに違いない。しかしわれわれが自己実現として願うものは、必ずしも、そうした「渇き」や「促し」を土台にしたものではない。お金や地位・名誉を手にしたとしても、自分の仕事がうまく達成されたとしても、なおかつ人を新たな自己実現へと向かわせる「渇き」であり「促し」である。人をその一生にわたって自己教育へと駆り立ててやまない「渇き」であり「促し」である。これは、端的に言えば、外的な何かの実現ではなく、内的に充実した人生を求めてやまない、といったタイプのものではないであろうか。言い換えるなら、自分の世界を何とか深め広げたい、そして心の底から自分を燃焼させたい、といった「渇き」であり、そうした中で自分なりの内的原理を何とか確立したい、という「促し」ではないであろうか。

5　自分なりの〝至高体験〟と自分自身への誠実さと

ここで考えなくてはならないのは、どうしたらそういう「渇き」や「促し」を持つようになるのか、ということである。これは一口で言えば、「精神的な価値」に対して、本当の意味で目覚めることであろう。意味や価値に対する感覚に目覚めること、自分に充実した大切なものという実感を与えてくれる感覚に目覚めること、と言ってもよい。目覚めといっても、当然、頭の中での理性的な判断ではなく、感性としてのもの、欲望としてのものでなくてはならないであろう。精神的に高いもの深いものに対し、みずみずしい感覚を持ち、その方向にどうしても向かいたい、向かわざるをえない、という目覚めでなくてはならないのである。

こうした感覚や欲求が形成されていくためには、自分自身が真に満たされ、「アア！」とか「オオ！」といった感嘆詞しか念頭に浮かばない、あるいは自分のことも周囲のことも、そして時間のこともすっかり忘れて没頭してしまう、といった体験が不可欠ではないであろうか。その人なりの「至高体験

（ピーク・エクスピアレンス）」が積み重なっていかねばならないのではないであろうか。「精神的な」ということは、何よりもまず、心の充溢、つまりあふれんばかりの意味感、の方向を指し示す概念である。つまり、「精神的な価値」が分かるということは、心理的に言えば、心の充溢をもたらす何かが自分自身にとっていかに大切なものかが分かることなのである。

このような「至高体験」は、具体的には、読書を通じて得られることが多い。内容に引き込まれてしまって、我を忘れ、時間を忘れ……、といった体験を多くの人が持っているのではないだろうか。もちろん、そうした体験を与えてくれる本は、そうざらにあるわけでない。だからこそ、そうした本との出会いが貴重なのである。そうした出会いを求めて、書店に出入りし、図書館の利用を習慣化し、新聞などでの新刊書広告や書評に注意を払い続けなくてはならないのである。この点でわれわれは貪欲にならなくてはならないし、またそういう出会いを可能にする自分なりの感覚を磨いていかなくてはならないであろう。いずれにせよ、自分にとっての「この本」を見つけ、繰り返し読み返す、ということが、自己実現へと向かう精神的姿勢を養ううえで、きわめて大切な意味を持つのではないであろうか。

もちろん、音楽や美術も、そうした「至高体験」を与えてくれる場合があるであろう。しかしこの場合でも、自分にピンとくる「出会い」であることが不可欠の条件である。その意味で、自分にとっての「この歌」「この曲」「この演奏」を見つけ出さなくてはならないであろうし、自分にとっての「この絵」「この彫刻」「この工芸品」などを見つけ出さなくてはならないであろう。お仕着せの名曲や名作をいくら「鑑賞」しても、どうにもならないのである。

このことは、本当の自分自身に対して誠実になる、ということであろう。自分自身に対して誠実に、ということは、自分の実感の世界を大事にし、自分の納得を追求し、自分の本音で生きていこうとすることである。これはまた、自分にとっての「現実」、自分にとっての「真実」を大事にし、それを拠り所とすることと言ってもよい。そうした中ではじめて、自分にとって内的な必然性を持つ何かが、着実に、その人の内部に蓄積されていくのではないであろうか。

ごまかしてでもその場をとりつくろう、といった習慣が身についてしまうと、結局は自分の内面に何一つ積み上げていくことができなくなる。その時その場で自分を飾ったり、相手の期待に迎合したりする癖がついてしまうと、自分自身を本当の意味で深め広げていくことは困難になる。また、実感の裏づけのない主張をどんなに声高にしてみても、しょせんは空しいものでしかない。建前論議にどんなに積極的に参加しても、後に残るのは空虚感だけである。どんなに回り道であっても、あるいはどんなに白眼視されたり無視されたりしようとも、自分の実感と本音に常に立ち返るよう努めながら考え、話し合い、行動していかなくてはどうにもならないのである。この意味において、自分の世界そのものを豊かにしていくためには、自分自身に対して愚直なまでに誠実であることが、どうしても必要なのである。

繰り返すようであるが、われわれは、自分の本当の感性に気づき、自分の心の奥底に潜んでいる「渇き」や「促し」に気づいていくよう努めなくてはならないであろう。世の中で暮らしていく中で身につけてきた社会的な鎧《よろい》の内側にある生身の自分に気づき、そうした自分を十分に認識しなくてはならないのである。そして、そうした生身の自分が、本当の感性や意欲が、十分に発動し、躍動するように努めなくてはならないのである。

6　主要な課題として

さて、ここで述べてきたところを踏まえながら、自己実現へと向かう力と姿勢を育てていくことを考える場合、もう少し具体的には、たとえば次の六点を十分に念頭に置いた努力をすべきではないだろうか。

まず第一の課題は、自己洞察を深め、自分にとっての「現実」と「真実」は何かを理解すべく努める、ということであろう。

このためには、たとえば、自分の普段の発言や考えの中に、カリモノやタテマエでしかないもの、中身を知らずにコトバだけを口にしているもの、があることに気づき、自分の本当の考えはどうなのか、ということにこだわってみてはどうであろうか。また、自分は本当は何に関心があるのかを発見し、なぜ自分はこのことに関心を持ち、このことをやりたいと思い、このことをこのように考えたり感じたりしているのか、といったことについて、自分なりの理解・洞察を持つことも大切であろう。さらには、自分の本当に実感しているところ、納得しているところ、本音となっているところに、折にふれて気づき、自分自身の見方・考え方を暗黙のうちに枠づけている内面の土台について、自分なりの理解・洞察を持つように努めるべきではないであろうか。

第二の課題は、自分自身の内面の実感・納得・本音を大事にし、それを拠り所にして考え、発言し、行動するよう努める、ということである。

このためには、たとえば、自分の周囲の権威ある人からの期待に、無意識のうちにいつも応えようとしてしまう、といった迎合的言動になっていないか自省自戒し、自分自身に対して常に責任が持てるよう努めることも必要であろう。また、その時その場での支配的雰囲気に同調したり迎合したりして、タテマエの色彩の強い言動になってしまっていないか自省自戒し、自分自身に対して常に誠実であるよう努めることも大切ではないだろうか。さらには、結論だけを安易にそのまま受け入れて安住しているのではないか自省自戒し、そうした結論にいたる過程を自分で本当に納得できるよう、常に、「なぜ」「どのようにして」「どのような場合に」などといった問いを持って考えるよう努めたいものである。

第三の課題は、自分自身の内面世界を点検し、その浅さや鈍さ、歪みに気づき、是正・改善をはかろうと努める、ということである。

このためには、たとえば、自分の認識や納得は、既成概念や固定観念に固執したり安住したりするなど、きわめて浅いレベルのものになっていないか、自省自戒してみることも必要であろう。また、自分の実感や本音は、自分の視点・立場からのものでしかないなど、きわめて独善的で自己中心的なものになっていないか、自省自戒する必要もあるのではないだろうか。さらには、自分の内面に何の躍動するものもなく、実感・納得・本音もはっきりしないなど、内面世界が不活性で不完全燃焼のままになっていないか、という点についても自省自戒したいものである。

第四の課題は、自分自身の内面世界を豊かにし、深め、活性化すべく努める、ということである。

このために、たとえば、既成概念や固定観念に固執したり安住したりして、新たに調べてみたり考えてみたりすることを嫌うことのないよう努めることも大切であろう。また、新規なことや不慣れなことはできるだけ回避し、新たな活動には尻込みし、いつもの通りに何事もやっていこうとする、といったことのないよう努めなくてはならない。そして、他人の目を気にすることなく、自分が本当に興味をひかれるもの、自分にピンとくるもの、に対して常に積極的な好奇心を持つよう努めるべきであろう。さらには、自分が心ひかれる美しいもの、を積極的に捜し求め、大事にし、機会のあるごとにそういった美しいものとの出会いを持とうと努めることも大切である。また、これと並んで、自分が心ひかれる本との出会いを大事にし、機会あるごとに読み返し、その世界に没頭し、安らぎや刺激を得るよう努めるべきではないだろうか。

第五の課題は、他の人の内面のあり方に関心を持ち、その人にとっての「現実」や「真実」にも虚心に耳を傾け、自分と異質なものにも寛容であると同時に、他の人と通底するものを積極的に求めるべく努める、ということである。

このために、たとえば、自分の感覚や論理を絶対視し、自分の側だけに真理や正義があるかのように発言したり行動したりする、といったことのないよう努めることも大切であろう。また、他の人の主張について、表面に表れていることにこだわることなく、その底にどのような実感や納得、本音が潜んでいるか理解・洞察しようとすることも必要であろう。これはまた、自分の考えと違う意見や主張に対しても常に心を開き、耳を傾け、どこかで自分の考えとふれ合うところがないか探し求めていこうとすることでもある。さらには、真・善・美といった一般的な概念の底に、古今東西の多くの人が共通に持ってきた個人的な体験が存在していることに気づき、多くの重要な概念の底に人間として誰にも共通の体験や感覚の基盤が存在していることを理解・洞察することも必要ではないだろうか。

第六の課題は、以上のことを踏まえたうえで、自分なりの「渇き」や「促し」にもとづいて内発的に成長していくよう努める、ということである。

このために、たとえば、自分にピンとくるものを求め、充実した大切なものという実感に目覚めることを通じて、内的な「渇き」や「促し」を意識化するよう努めることが必要であろう。また、効力感と達成感を積み重ね、「自分だって頑張れば頑張っただけのことはあるのだ！」という自信を持てるよう努めることも大切ではないだろうか。これはまた、努力と克己の意義を、体験を通じて十分に理解し、実感することにも通じるであろう。そして、その上に立って、「自分なんか……」といった自己限定の気持ちを捨て、「自分の未来は青天井！」といった自分の可能性に対する信頼と楽観的な見通しを持てるように努めなくてはならない。

7　生涯をかけた課題として

自己実現とは、ここで述べてきたように、自分の本当の感性や意欲を発現させ、躍動させ、それを通じて本当の自分自身に成り切っていくことである。社会的な枠組みによってそれが阻まれている場合もあれば、社会的な枠組みのおかげで、それが容易になることもあるであろう。しかし、これは本来、社会的な問題ではない。まさにその人自体の個人的あり方の問題である。

繰り返すようであるが、自己実現は、社会的な進路の問題などではない。どのような進学、就職をするかという問題でもなければ、定年などで職業生活を引退するまでの間の仕事の仕方の問題でもない。

その人の生涯をかけて、死ぬその時まで追求していかねばならない根本課題と言ってよい。自分を創る、自分を実現するということには、こうした本質的で長期的な展望が不可欠なのではないだろうか。

第10章　自己提示の病理と志ないし宣言としてのアイデンティティの可能性

人は、自分自身のあり方をあらためて確認したり変更したりしなくてはならない「時」に遭遇することがある。学校を卒業して就職したり、転勤や転職で職場や住処が変わったり、昇任などで職場での担当や責任が変化したり、それまでの仕事を辞めて引退したり、といった社会的立場の変化に直面した場合である。また、社会的立場に変化はなくても、それまでの生活に行き詰まったり、大きな心理的転機に直面した場合にも、自分自身のあり方について根本的な再検討を迫られる場合がある。これは「周囲の皆から私を〇〇であると認めてもらっている」という社会的アイデンティティの再確認なり変更なりにかかわる問題であり、また同時に、「私は他ならぬ〇〇である」といった自己アイデンティティをどうするか、にかかわる問題である。

こうした社会的アイデンティティと自己アイデンティティの再確認については、図10-1（図1-2を再々掲）として掲げたところ[*1]を参照していただくと、そこでの主要な問題の所在が見えてくるのではないだろうか。「私は何者なのか」ということの再吟味に際しては、「人々の眼」という形での社会的期

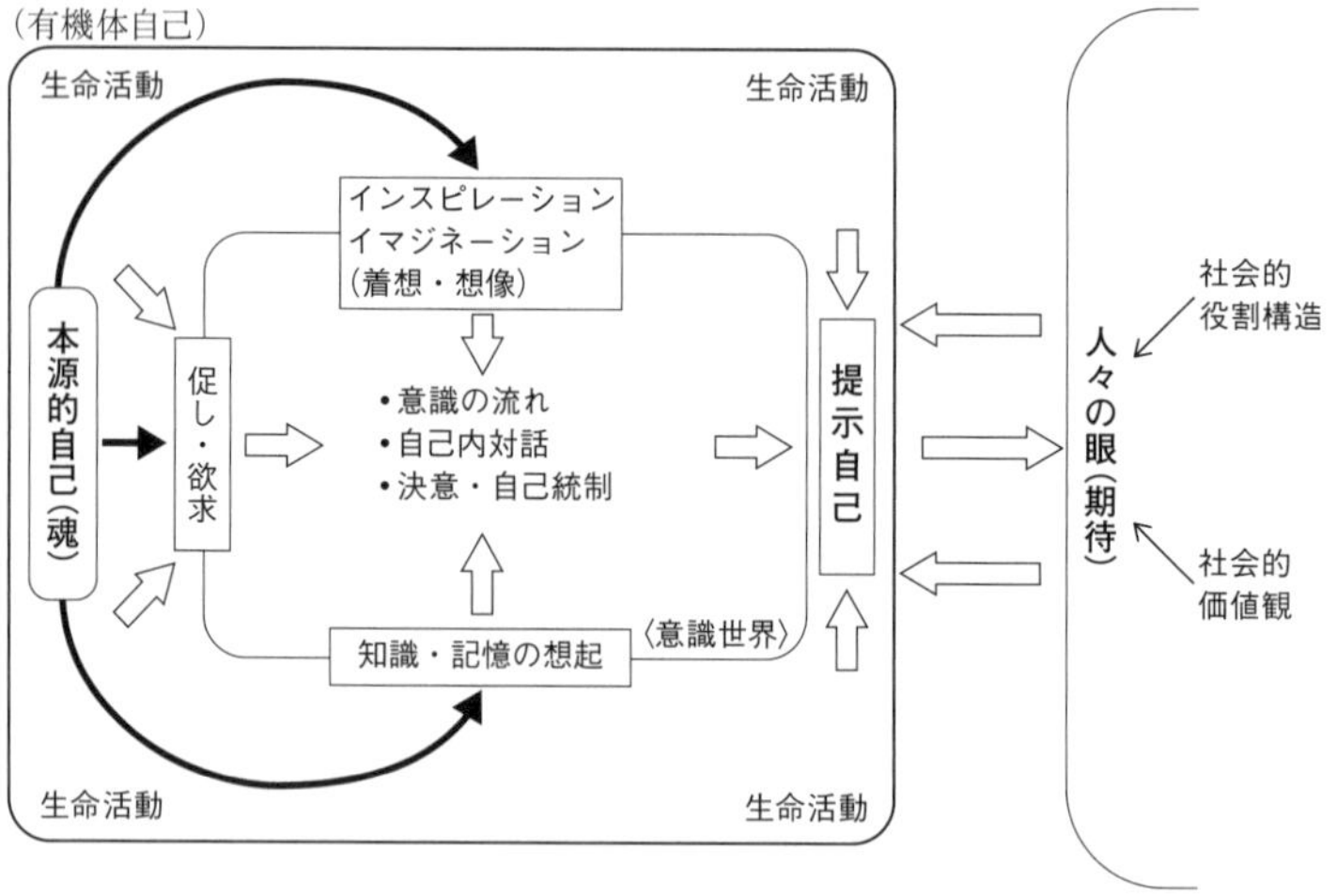

図 10-1　有機体自己・意識世界・提示自己（図 1-2 再々掲）

待をどのように受け止め、それにどう応えて自分の言動を整えたなら社会的に受け入れてもらえるか、という「提示自己」をめぐっての検討が何よりもまず必要となるであろう。そしてその「提示自己」との関係で、自分自身の内的な世界のあり方が、すなわち自己の深い無意識世界から催されたり突き上げたりしてくる促しや欲求を、またインスピレーションやイマジネーションを、意識世界でどう受け止め、どう対処し処理していくか、ということが大きく関係してくることになる。このことは、時々刻々の体験とその意識内での受け止めである経験の蓄積によって形成された実感・納得・本音の世界を踏まえると同時に、一個の生命体としての諸欲求の充足を求め、さらには自己の将来に向けての志や願望までをはらむ「本源的自己」と、社会で自分自身を「何者」としてイメージしてもらい、受け入れてもらうかという「提示自己」との関係を基本的にどう調和させていくか、といった問題となる。

1 「提示自己」が圧倒的重みを持ち「肉付きの仮面」として内面世界全体を支配する例
――村田沙耶香『コンビニ人間』の場合

現実の社会とのかかわりの中で自分自身がどのようなあり方であったら受け入れてもらえるか(「普通の人」「当然のあり方」として許容されるか)という「提示自己」の整え方の問題は、多くの人にとってきわめて重い課題である。たとえば、二〇一六年上半期の第一五五回芥川賞を受賞した村田沙耶香の小説『コンビニ人間』[*2]は、「コンビニ店員」として「提示自己」を整え、それによって社会的に受け入れてもらうことを至上命令として自己に課してきた若い女性の具体的あり方を見事に浮き彫りにする。この場合には、自分自身の内的な欲求やインスピレーションまでを含む意識世界を、四六時中「コンビニ人間」としての「提示自己」に浸透されたあり方とする、という形でいちおうの外的かつ内的な適応をはかろうとしている。これはまさに「肉付きの仮面」の典型例と言ってよい。

村田沙耶香は、小説『コンビニ人間』の中で、たとえば次のように叙述する。

「いらっしゃいませ!」
私はさっきと同じトーンで声をはりあげて会釈をし、かごを受け取った。
そのとき、私は、初めて、世界の部品になることができたのだった。私は、今、自分が生まれたと思った。世界の正常な部品としての私が、この日、確かに誕生したのだった。

………


今の「私」を形成しているのはほとんど私のそばにいる人たちだ。三割は泉さん、三割は菅原さん、二割は店長、残りは半年前に辞めた佐々木さんや一年前までリーダーだった岡崎くんのような、過去のほかの人たちから吸収したもので構成されている。

特に喋り方に関しては身近な人のものが伝染していて、今は泉さんと菅原さんをミックスさせたものが私の喋り方になっている。

………


「白羽さんの言うとおり、世界は縄文時代なのかもしれないですね。ムラに必要のない人間は迫害され、敬遠される。つまり、コンビニと同じ構造なんですね。コンビニに必要のない人間はシフトを減らされ、クビになる」

「コンビニ……？」

「コンビニに居続けるには『店員』になるしかないですよね。それは簡単なことです、制服を着てマニュアル通りに振る舞うこと。世界が縄文だというなら、縄文の中でもそうです。普通の人間という皮をかぶって、そのマニュアル通りに振る舞えばムラを追い出されることも、邪魔者扱いされることもない」

・・・・・・・・

この小説は、「コンビニ店員」という社会的アイデンティティにしがみつき、自分にとって居心地の良くなったそのアイデンティティを周囲の無理解に抗して守り抜くことを通じて、強固な自己アイデンティティにまで仕立て上げていく、という物語として読むことができる。[*3] なぜ「コンビニ店員」という社会的アイデンティティにしがみつくかというと、自分の内奥にうごめく衝動なり欲求なりを（問題含みの「本源的自己」のあり方を）そのまま外部に表出すれば「普通」でないと周囲の目に映る恐れがあるからである。自分自身の「本源的自己」を覆い隠して適応的に（「普通」と見えるように）生活していくためには、マニュアル通りに細部まで言動が規定され、基本的にその通りに動く同僚の言動に同調して、それと融合させる形で自分自身を振る舞わせていく（自己提示していく）のが一番楽で居心地がよいからである。

こうした「肉付きの仮面」の背景には、次のように叙述される彼女自身の、まさに問題含みの「本源的自己」のあり方がある。たとえば幼稚園児の頃、公園で死んだ小鳥を見つけ、他の子どもは「かわいそう」と泣いているのに、「焼き鳥にして食べよう」と言って友達にも母親にもあきれられたとか。小学校に入ったばかりの頃、男子が取っ組み合いの喧嘩をしている時、何とか止めようと、手近にあったスコップで暴れている男子の頭を殴ったら動かなくなった、ということもあったとか。若い女の先生が教室でヒステリーをおこしてわめきちらし、皆が泣きはじめた時、先生に走り寄ってスカートとパンツを勢いよく下ろしたら、先生は仰天して泣きはじめ、静かになったとか。これは、それぞれの場における暗黙のルールに無知あるいは無頓着、ということを示すものである。「空気が読めない」のであり、現実検証能力に欠陥があるか、ものごとを受け止める際の感性なり実感なりの世界の構造に他の人と大きく異なる点がある、ということであろう。だからこそ「非常識な」言動が周囲の人達に向けてさらけ出されてしまっているのである。

こうした自分自身の内的世界の特異性と周囲の人間関係におけるその問題性に気づいているからこそ、そうした「本源的自己」を封印（抑圧）し、外部の世界にあるマニュアルに沿って自分の言動をコントロールすることに努めてきたわけである。その結果として、外部の世界のマニュアルが徐々に意識世界の隅々にまで浸透し、日常生活のすべてがそのマニュアルに沿った形で進行するというあり方になってしまった、というわけである。自分自身の素顔を特定の仮面をかぶって覆い隠し続けていたら、いつのまにか、その仮面がその人の顔の後ろ側にある意識世界までをも支配してしまうようになった、という「肉付きの仮面」の典型的事例と言ってよい。

2 「提示自己」の不全は何を生むか——不登校や引きこもりになる子どもの場合

「コンビニ人間」のようなあり方は、現代人にとって必ずしも珍しいものではない。しかし、そうしたあり方もまた取れないで苦しんでいる人もあることを忘れてはならない。

社会的に「普通」なり「当然」なりとして許容されるような「提示自己」の整え方がなかなかうまくいかない、といった人である。こうした場合、結局は社会的にうまくやっていけないことになるが、その結果として犯罪などの攻撃的不適応に陥ったり、不登校や引きこもりなど内閉的不適応に陥ってしまうことになりがちである。

そうした社会的不適応の一例として不登校の子どものことを考えてみることにしよう。通常の学校生活を送れない事情を抱えた生徒が多く通う大阪府立桃谷高校定時制課程にかつて勤務し、そこでの教育経験を綴った下橋邦彦は、その『ハロハロ通信』の「まえがき」で、不登校の成立事情について次のように述べる。[*4]

若い生徒の中には、小・中学校で不登校になった人が実に多い。集団にとけこめず、周囲にあわせられず、いじめをうけ……といったさまざまな苦しみの体験の持ち主。

自分の内面の「声」に立ち止まりたくても、周囲の大人から「社会化」（社会への適応）の必要性を説かれ、周囲にあわせることを迫られる。それをうまく受けとめられる人はいい。そうでない場合、学校は「苦しい場所」になる。「閉じられた場所」から身を引く、それが不登校となる。

……


自分自身の内面世界のあり方が、特に「本源的自己」のあり方が、「社会的期待」になかなかこたえていけない、という子どもが、不登校や引きこもりまでいかなくても、何の拘束もない自由な場に新たな居場所を見つけ、周囲からの「普通」や「当然」に向けての期待から解放されようとすることがある。通信制高校もそうした居場所の一つになっていると下橋邦彦は言うのであるが、周囲からの「普通」や「当然」に向けての期待といった圧力のない「自由な」状況を実現できたとなると、具体的にどう自分の身を処していくか、という次のステップの問題が生じる。下橋邦彦は、先の記述に続けて次のように述べる。

はじめ、これらの生徒さんは、決まった「生徒心得・規則」もない学校に、いままでにない「自由」を感じる。しかし、学校生活が進むにつれ、だれもきつく「こうせよ」とは言わない「自由さ」にとまどう。通信制の三本柱である、スクーリング・レポート・テストといったものをクリアーするには、よほどの「自己管理」をしないと単位修得に至らないことに気づきはじめる。一にも二にも「自分にきびしく」しないとダメだということがわかってくる。……

社会に生きている以上、形は変わっても、社会からの期待に合うよう自分自身をコントロールする、という責務を何とか果たしていかなくてはならない。外から与えられた制服やマニュアルを拒否するとするなら、自分自身で新たに自分なりの服装と行動原則を作り出し、それを自分なりの自己提示の仕方として周囲に認めさせていくしかない。これがしんどいということになると、結局は自己提示のあり方を考えること自体から逃避し、引きこもりになるしか道がないということになる。当然のことながら、引きこもりになっても生物的には生きていかなくてはならないのであるから、親など周囲の誰かが社会の一員として機能することによって引きこもりの人の生物的な生存を支えていくしかない。この意味で引きこもりは、それ自体として自立した生存様式にはなり得ないのである。

3 「社会的期待」に背反する「提示自己」＝「志」ないし「宣言」としてのアイデンティティの打ち出し
——『新約聖書』に見るイエスの場合

では、自分自身の内面世界に対して素直でありながら、しかも社会的に「それでよし」と認められていく道は、どのようにして実現していけるのであろうか。直接的な方法は、何よりもまず自己アイデンティティを確固たるものにし、その外的表現としての社会的アイデンティティの承認を社会的に求める、といったものではないだろうか。内面世界の基盤となる「本源的自己」に深く根ざすことに努め、それをできるだけ十分に外部に対して表現しつつ、なおかつそうしたあり方が社会的に容認され承認されることを求める、ということである。

自分の内面世界のあり方が「社会的期待」にそぐわない場合、きわめてラジカルな形でそれを突破する道がまさにこうしたあり方である。それは自分自身の「本源的自己」に根ざす強力な「主張」を内面に養っていき、その線に沿った「自己提示」をしていって最終的には周囲の人達にそれを認めさせ、「社会的期待」を自分自身の「主張」に合うように変革していくことである。こうした「宣言」としての社会的アイデンティティを追求する道に踏み出すならば、強固な「社会的期待」の壁と衝突を繰り返し、犯罪者なり異常者なりとして社会から排除される危険性も少なくない。しかし、その「主張」なり「宣言」なりを受け入れ歓迎してくれる人が、たとえ少数であっても出てくるならば、そのアイデンティティで生きていくことは必ずしも不可能ではない。その徒党の中で大事にされ、守られて生きていくことができるからである。

こうした道に踏み出すならば周囲との間に多大な軋轢を経験することになるが、これは周囲の人達が持ってきたその人についての期待やイメージ（社会的アイデンティティ）と、新たにその人によって打ち出され（「自己提示」され）たあり方とが大きく食い違う、といったことが生じるからである。

たとえば、『新約聖書』に描かれたイエスの次のような二つのエピソードは、人が自分自身の「志」を持ち、周囲からの「社会的期待」とは無関係な形で「自己提示」し、新たな社会的一歩を踏み出そうとする情景を如実に映し出している。特に、その「志」と、それにもとづく「宣言」によって新たな自分に生きていこうとする際に生じる周囲との軋轢の模様が、如実に描き出されていると言ってよい。


イエスはそこを去って故郷にお帰りになったが、弟子たちも従った。安息日になったので、イエスは会堂で教え始められた。多くの人々はそれを聞いて、驚いて言った。「この人は、このようなことをどこから得たのだろう。この人が授かった知恵と、その手で行われるこのような奇跡はいったい何か。この人は大工ではないか。マリアの息子でヤコブ、ヨセフ、ユダ、シモンの兄弟ではないか。姉妹たちは、ここで我々と一緒に住んでいるではないか」。このように、人々はイエスにつまずいた。イエスは、「預言者が敬われないのは、自分の故郷、親戚や家族の間だけである」と言われた。そこでは、ごくわずかの病人に手を置いていやされただけで、そのほかは何も奇跡を行うことがおできにならなかった。（「マルコによる福音書」6・1〜5）

ここでのイエスの「志」＝自己アイデンティティは「預言者」であるが、故郷の人達はイエスをそうした特別な存在としてみようとしない。イエスは成人してからずっと大工として身を立ててきたわけである。そして後年、洗礼者ヨハネの下に身を投じて数年間の宗教的修養をし、権力者によるヨハネの投獄殺害を機会に自立し、生涯最後の数年だけ、人々に向けて「神の国の到来」などを説いて廻り、病人を癒したりする奇跡を行うなどという「公生活」を送ったわけである。むかしの自分を知っている人達の間で新しい自分を押し出していくということがいかに困難なことであったか、よくうかがえるエピソードである。

イエスの生涯の最終ステージに近いところでのエピソードを、もう一つ、見ておくことにしたい。

イエスは、弟子たちと、フィリポ・カイサリア地方の方々の村にお出かけになった。その途中弟子たちに、「人々は、わたしのことを何者だと言っているか」と言われた。弟子たちは言った。『洗礼者ヨハネだ』と言っています。ほかに、『エリヤだ』と言う人も、『預言者の一人だ』と言う人もいます。」そこでイエスがお尋ねになった。「それでは、あなたがたはわたしを何者だと言うのか。」ペトロが答えた。「あなたはメシアです。」するとイエスは、御自分のことをだれにも話さないようにと弟子たちを戒《いまし》められた。（「マルコによる福音書」８・27〜30）

イエスはこの頃には、内心で「自分は何者であるのか」という自省を深め、「自分自身は単なる預言者でなくメシアである」との確信を抱いていたのであろうが、それは当然のことながら、人々が彼に対して持ってきた従来の基本イメージや「社会的期待」＝社会的アイデンティティとはかけ離れたものであった。イエスを尊敬する人達ですら多くは「洗礼者ヨハネだ」とか「預言者だ」と言っていたのである。そこで最も信頼できる側近である弟子ペトロに、「お前達はどう思っているのか」と尋ねたら、自分の内心にある自己イメージと同一のイメージを自分達は持っていると答えてくれた、というエピソードがここで語られている。「メシア」としての自己アイデンティティ＝自覚を持って生きていこうとする自分に対して、弟子達は（少なくともこの段階では）完全に理解してくれてたということである。イエスが捕縛され、死刑に処せられようとする段階では、ペトロも「こういう人は知らない」と否認し、他の弟子達とともに四散してしまうのであるが……。

いずれにせよ、人はいつまでも、同一の自己アイデンティティを保持したまま生きていくことはできない。人生の節目節目で、新しい自己アイデンティティを確立し直さなくてはならなくなる。そうした自己アイデンティティ再確立の折に、望ましくは、自分自身の「本源的自己」について自省を深め、そこから出てくるものを上手に生かす（昇華させる）形[*5]で自己意識の世界の全体を方向づけし直し、新たな「志」の形にまとめ上げていきたいものである。そして、そうした「志」を生かし実現していく方向での「宣言」を機会あるごとに周囲に対して行い、それにもとづく「自己提示」を重ねていくことによって周囲からの「社会的期待」そのものを変え、新たな社会的アイデンティティを創り上げていく、といった方向に歩んでいきたいものである。

もちろん、これは危険の多い茨の道である。だからこそ、「志としてのアイデンティティ」を周囲に提示＝宣言していくに際しては、周囲に対する慎重な配慮と自己提示の具体的なあり方についての柔軟な工夫とが求められざるをえないであろう。しかし、これが如何に困難な道であろうと、人が真に主体的・能動的であろうとするなら、こうした道をこそ歩むべく自分自身を律していくことが必要となるのではないだろうか。

＊1　梶田叡一『人間教育のために』金子書房、一〇〇頁・図1、二〇一六年。（本図は、梶田叡一「主体的人間の内面構造——有能な『駒』でなく賢明な『指し手』であるために」『人間教育学研究』3、一～六頁〈二〇一六年〉の図1を少し修正したもの）。

＊2　『文藝春秋』二〇一六年九月号、四〇六～四八二頁。

＊3　『文藝春秋』二〇一六年九月号、四〇〇～四〇五頁。私はこの小説をこのように読み取った。村田沙耶香自身が芥川賞作家の宮原昭夫から「小説家は楽譜を書いていて、読者はその楽譜を演奏してくれる演奏家だ」ということを教えられたとのことであり、こうした筆者の読解も許されるのではないだろうか。ちなみに筆者は京都大学文学部の学生だった頃、桑原武夫教授の一九六二年度フランス文学演習に参加したが、その折にモーリス・ブランショの『文学空間』に関連させて「テキストの空間」「書き手の空間」「読み手の空間」の相対的自立性を桑原教授が力説したことを思い起こす。村田沙耶香の楽譜と演奏との対比は、桑原の言うテキストと読み手の文学空間の関係としてとらえることができるであろう。

＊4　下橋邦彦『ハロハロ通信——三世代が集う学校から』東方出版、二〇〇二年。

＊5　「本源的自己」からわれわれの意識世界にもたらされるものには、善良なものも中立的なものも悪魔的なものもあり、また建設的なものも破壊的なものもある。これをわれわれの意識の世界にくみ上げて自分自身の言動の方向づけに用いるわけであるが、その際にスクリーニング（選択採用）が不可欠となる。悪魔的なもの、破壊的なものをふるい捨てていかねばならないのである。そうした吟味、ふり分けを経て、われわれの意識世界の中に、一つの内的強靭さを持ち、また社会的に受け入れ可能な方向づけが形成されていかねば、「志」とはなり得ないであろうし、また周囲に対

してそれを「宣言」していくことも、さらにはその方向で「社会的期待」を変革していくこともできないであろう。

V

内面性を重視した心理学のために

第11章　内面世界の心理学――「心」を研究するということ

1　心の心理学

明るい心とか暗い心、豊かな心とか貧しい心、燃える心とか沈んだ心、そして高揚する心、波立つ心、千々に乱れる心、さらには、水のように澄んだ心、などといった形で、われわれはその人が持つ意識の世界を語ることがある。この場合の心とは、人の内面世界の具体的なありようのことと言ってよい。シャッハー（Shaffer, J. A.）は、英語で心を意味する「mind」の名詞的、動詞的な用法を検討した結果、何かに対して、意識している、気づいている、注意を払っている、特別に注目する、という共通の特徴を持つことを指摘する。そして、心という概念の中核的な要素は、意識であるとしている。*1

しかしながら、「心変わり」とか「心を決める」という言葉にも示されるように、心という語の指し示すところは、その時その場の意識の世界のありようにとどまらないこともある。その人の時々刻々の意識のあり方を貫く基本的な志向性なり内的態度として、心がとらえられていることがあるのである。

さらには、「聖人は心を求めて仏を求めず」とか、「智人は心を調えて身を調えず」という言葉に端的に示されるように、[*2]心という言葉でその人の主体性の座そのものを象徴することがある。このように心とは、その人の意識の世界だけでなく、それを支える基本構造を含め、人の中核的な統合機能そのものとしても考えられる。いずれにせよ心とは、その人の外面からは直接的には見えないものの、その人の内面にあって、その人の主人公として機能しているもの、というイメージでとらえられてきた、と言ってよいであろう。

心理学は、その名前自体が示すように、もともとは、そうした心についての研究をする学問であるはずだった。心（psyche）の論理（logos）を明らかにする、という基本課題を持つ学問領域のはずだったのである。しかしながら、現実の心理学は、必ずしもそういうものとして発展してきたわけでない。たとえば、図書館や書店で『心理学入門』とか『現代の心理学』といった名称の本を開いてみられるといい。そこに並んでいるのは、暗室で実験した知覚の研究、ネズミで実験した学習の研究、サルや他の動物で行われた問題解決の研究、コンピューターをモデルに考えられた記憶や思考の研究、といった類いの話であることが多いはずである。もちろん、そうした話は、それなりに興味深いものである。厳密な科学的関心に応えるものとして有益なものであると言ってもよい。しかしそれは、必ずしも、心そのものの解明に向かうものではない。内面世界そのものの様相も、そこに根ざした形で発揮される統合的で主体的な機能も、現在の心理学では、必ずしも十分には取り上げられていないのである。知覚や学習にしても、記憶や思考にしても、たしかに、心の働きの重要な一部であろう。しかし、それらを研究するだけでは必ずしも心そのものに迫れるものではない。そうした部分的精神機能のメカニズムやその生理的基盤が解明されたとしても、それは先に述べた意味での心自体に関する解明にとっては、かなり距離のあるものと言わなければならない。

2　新しい心理学を求めて

とりわけ、現代心理学に深く浸透している行動主義的な感覚や発想が、心そのものの解明にとって、大きな妨げになっているのではないであろうか。心を追放し、意識を追放し、外的に観察しうる刺激と反応の相互関連からのみ心理学の理論を組み立てていこうとした「科学的」アプローチは、そのそもその成り立ちからして、心を対象領域から除外するものであった。さらには、実験・観察の資料にのみもとづくというデータ主義が、研究者自身を含めた人間の具体的ありようについての洞察と了解を妨げ、「人間についての常識的かつ皮相的な事実を難しい言葉と数字でもっともらしく示す」といった独善の中で、人間にとって最も重要な心についての理解を等閑視させる、という結果を招いている。

もちろん、こうした危機感なり問題意識なりを持つ心理学者は、必ずしも少数でない。心理学全体の流れから見ればまだごく小さいものであるとはいえ、一人ひとりに独自な内面世界や統合的主体的機能としての心そのものを対象領域として重視しようとする心理学が、現在、さまざまな形で提唱され、試みられ、しだいに勢いを増しつつある。たとえば、オルポートやマズロー、ロジャースなどの提唱した人間性心理学であり、スニッグやコームズ、ジオルジやキーンなどの推し進めてきた現象学的心理学であり、またフロイトやユング、アドラーなど広義の精神分析理論、ビンスワンガーやメダルト・ボス、フランクルなど実存的な分析理論、などに立つ心理学である。
我が国の心理学者のうち、晩年になって自分自身に対して誠実な形で独自の心理学を建設しようと奮闘してきた戸川行男は、次のように書く。[*3]

……心理学が一つの自然科学であろうとしたとき、心理学は「心の学」であることを放棄したのである。それは当然のことであって、本来、「個」であり、「私」であるべき心を、科学の対象にすることはできない相談であったのである。科学的心理学は人間行動一般の学でなければならなかったのであり、そこでいう人間とは「わたしたち一人一人」のことではなく、人という名の動物一般という、自然科学の対象としての人間でなければならなかったのである。……

もちろん、われわれは、「個」としての「私」は科学の対象にはなりえない、という戸川行男のラジカルな立場に同意するものではない。あらゆる科学が、結局のところ、個別的な具体物を対象に観察を積み上げ、それを通じてその領域に普遍的な認識の体系を築き上げていこうという営みであるとするならば、人間を対象にした場合のみが、あるいは心理学のみが、そうした行き方の例外であるべきであるとは、とうてい考えられないからである。しかしそれはそれとして、戸川行男のこうした嘆きには心情的に深く同意するものである。そして、こうした反省の上に立った新たな人間学、心理学の建設に対して大きな期待を持つとともに、その方向に向け、たとえささやかであっても寄与したいと願うものである。

3　固有の内面世界としての心

さて、われわれが研究対象とすべき心とは、いったいどのようなものとして考えたらよいであろうか。もちろん、心という名で呼ばれるべき何かの実体があるわけではない。心とか魂という器官なり領域なりが、われわれ一人ひとりの身体の奥深くのどこかにあるなどと想定すべきではない。そうした想定は無用であるというだけでなく、有害であると言ってもよい。

心とは、一人ひとりの内面における主体的な働きのことであり、それにともなう内面のありようのことであると、ひとまず考えておくことにしよう。より具体的には、その人をその人であらせている、その人固有の意識のあり方、感情や思い、願いや望み等のあり方、そして周囲の世界や自分自身を統制し調整しようとする働き、のことであると言ってよい。手元にある『広辞苑』（第三版、一九八八年）の記述を借りるならば、「心とは人間の精神作用のもとになるもの、またその作用」であり、具体的には「⑴知識・感情・意志の総体、⑵思慮、おもわく、⑶気持ち、心持ち、⑷思いやり、なさけ、⑸情緒を解する感性、⑹望み、こころざし、等」といった広がりを持つもの、ということになるであろう。

したがって、心を研究対象にするという場合、何よりもまず、一人ひとりの持つ内面世界、一人ひとりにとっての「世界」なり「現実」なりを問題にせざるをえないということになる。知覚の研究も記憶や思考の研究も、こうした内面世界構成の働きに関するものであり、その意味において心の働きの一部を問題とするものであると言ってよい。しかし、それらを研究するだけでは、それぞれの人にとっての

「世界」なり「現実」なりのありようが見えてくるわけではない。そういった部分的個別的な精神機能は、一人ひとりの内面世界のありようの総体の中に位置づけて考えられない限り、心そのものの研究の一部と言うわけにはいかないのである。

心の研究において重要なのは、一人ひとりによって生きられているトータルな「現実」である。そして、そうした「現実」を踏まえてその人が自・他に対しどのように対応していくか、である。この「現実」には、その人を取り巻く状況や人々がどのようなものとしてその人に現れ、また、それに対するその人自身のあり方がその人にどのようなものとして現れているか、が含まれるであろう。

人間が個別的な存在であり、それぞれが自分なりの「現実」を生きていくほかないとするならば、そしてその人がその人として生きていくということが、その人にとっての「現実」とその人がどのように取り組んでいくかということであるとするならば、心の研究はまた、人間の実際的具体的なあり方、さらには実存的あり方の研究でもある。この意味において、心理学を含め人間の主体性や精神性を探究しようとする学問ないし研究は、本来、一人ひとりの内面世界から出発し、また一人ひとりの内面世界に帰着すべきであろう。

4　一人ひとりの生きる個別的な「現実」の視点から

ところで、一人ひとりが生きている「現実」はどのようなものであるか、ということに着目するということには、われわれの物の見方、考え方に、一つの基本的な転換がはかられねばならないことを意味している。われわれは、日常、共有の一般的な世界・現実の中で誰もが生活している、という前提で物を考えてしまいがちである。そして、共有の一般的な世界・現実を、われわれ一人ひとりがどう反映・意識化し、どう反応・行動するか、といった視点から人間を考えがちである。一人ひとりにとっての「現実」に対する着目は、こうした感覚・発想の基本的な逆転を要請するのである。

共有の一般的な世界・現実は、あるかもしれないし、あるいはないかもしれない。そういうことは、本質的にはどうでもいいことなのである。具体的に存在しているのは、一人ひとりが持つ「現実」であり、また各自の「現実」を生きていかざるをえないその人自身のあり方なのである。

こうした視点に立つ時、たとえば、誤解とか誤認ということが結果論でしかないことにも注意しなくてはならないであろう。つまり、自分の認識が誤りであることが自分自身に見えるまでは、自分にとって「真」であり続けるのである。もう少し具体的に言うならば、UFOが実際に存在するかどうかが問題なのではなく、その人がUFOを存在すると思っているかどうか、どういうことから、何をその根拠としてそう考えるようになったのか、こそが大切なのである。

もちろん、お互いが人間同士であるということで、各自の「現実」が似かよったものになる、ということはあるかもしれない。お互い目の構造も耳の構造も頭の構造も似通っているのだから、それぞれが受け止めた「現実」がそう違わないものになるのは当然のことかもしれない。また、同じ時代の同じ社会に生活しているならば、その社会の共同幻想とも言うべき強力で斉一な文化的枠組みの中で、物を考え、行動し続けることになるのであるから、それぞれにとっての「現実」が共通の面を持っても不思議ではない。しかし、一人ひとりの人とよくよく話してみれば、一人ひとりの感性も、感情も、イメージも、認識も、それぞれ全く違うものであることが分かるだろう。こうした違いに対して、本質的な重要性を持つものとして注目するかどうかこそがポイントなのである。

5　私にとっての「真実性」「妥当性」を保証するもの

さて、このような視点から考えてきた場合、何かが自分自身にとって確かな「事実」となる、自分にとって疑いようのない「現実」となるというのは、いったいどのような条件がある場合なのだろうか。

われわれの日常生活においては、このような基本問題を意外に反省することのないことに気づく。しかし強いて言うならば、われわれの日常においては以下の三つの保証によって、暗黙のうちに何かを「確かなもの」「真実であるもの」としているのではないだろうか。

まず第一は「心理的」な保証である。これは「自分にはどうしてもそう思えてならない」といった形で自然に気持ちが動いていく、というものである。もっと強い形をとる場合には「自分の実感と本音に照らしてみて納得できる」とか「自分にはこれ以外考えられない」というものになるだろう。

第二は「相互的」な保証である。これは「皆が」とか「あの人が」「そういう考え方をしている」という形で、周囲の人達や自分にとって大事な意味を持つ人が保証してくれている、というものである。この場合、暗黙の「常識」として意識化されない場合も多いであろうが、「皆がそう言っているのだからそうに違いない」とか「あの人がそう言っていたから」とか「誰だってそう言っているのだから」といった形での内的対話をともなう場合もあるであろう。

第三は「権威的」な保証である。これは「文科省がそう発表しているのだから」とか「ノーベル賞をもらったあの人が言っているのだから」といった形で、社会的権威のある機関や人が保証しているからそのことの真実性を受け入れることができる、というものである。

もちろん日常的には、この三つのどれかでほぼ用が足りると言ってよい。多くの人の場合、実際には、「相互的」な保証の中に安住しつつ、時に「権威的」な保証によって補強することによって「心理的」な保証をも得る、といった形のものが多いのではないだろうか。「自分にはそう思えるのだから、それでいいのだ！」と「心理的」な保証だけでよしとするほど強烈な自我を持つ人は日本では少ないであろうし、また、そうした場合を含め、無媒介的に「心理的」な保証だけに依存すると、独善に陥る恐れもある。

しかしながら、もっと厳密であろうとする場合、こうした保証だけでは十分でない。特に学問的な方法論にのっとって何かの真実性、妥当性を考えたり主張しようとしたりする場合、少なくとも以下のような保証が必要ではないか、ということが繰り返し強調されてきたのである。

その一つは「論理的」な保証である。これは、誰もが自明なものとして認める前提にもとづき、厳密な論理的道筋をたどった形で考えられている、ということである。デカルトの「明晰判明」という基準など、こうした形での保証を強調する典型であろう。

さらに、もう一つは「追試可能性」の保証である。これは、「誰がやっても、一定の手続きを用いることによって、ある事象が再現できる」ということであり、自然科学的な方法論が社会科学にも人文科学にも浸透してくる中で強く意識されるようになったものである。「経験的な所与にもとづく」という自然科学的方法論の原則も、こうした「追試可能性」を実現するための必要条件として考えることができるであろう。

このように考えてくるならば、最も望ましくは、「論理的」な保証について吟味し、「追試可能性」の保証についても考慮したうえで、「相互的」な保証や「権威的」な保証の有無にも配慮し、それらすべてを踏まえたうえで、最終的には深い水準での「心理的」な保証が達成できるように努める、ということになるのであろうか。あらためて言うまでもなく、最終的には「心理的」な保証を拠り所とすべきであるということは、われわれが生活していくうえでも、研究をしていくうえでも、最も重要な意味を持つ条件である。

6　内面世界についての心理学的研究が備えるべき用件

こうした考え方に立って、内面世界ないし心に関する心理学的研究のあり方を考えてみる時、その不可欠のポイントとして、いくつかの点を確認しておくことができるのではないだろうか。

まず研究の基本視点として、その人に現れたままの「世界」、その人自身が生きている「現実」、ある時点でその人にとって「真」である認識、という観点からすべてを理解していこうとすることが必要であろう。これは、二人称的アプローチとして相手の人を問題にする場合には、その人の「内面性」の問題となり、一人称的アプローチとして自分自身を問題にする場合には、「私に今ここで与えられている世界」での「私の行動、決断、投企」といった「実存」の問題となることに留意しなければならない。

そして三人称的アプローチとして人間に関する一般理論を打ち立てる際には、固有の内面世界を持つ人々が相互に抱きあう「共同幻想」としての社会・文化の問題が、大きくクローズアップされてくるのではないだろうか。

こうした方向で研究を進めていこうとする場合、自分だけが存在し、他はすべて幻影であるといった独我論に陥ることのないよう、十分な警戒が必要である。このため、われわれは、個々人の内面世界が、互いに人間同士であることからくる身体的生理的な共通基盤、すなわちハード面の共通性によって、またこれと同時に、現代社会に生まれ育ったことからくる情報や生活様式、学校教育の内容など文化的枠組みという共通基盤、すなわちソフト面の共通性によって、基本的に通底していることに十分留意しなくてはならないであろう。こうした通底性がなくては、人と人との間のコミュニケーションも不可能となり、また基本的に個体としては生存することの困難な人間が社会を構成していくこと自体、不可能になるのである。

さて、心理学の理論体系として考える場合、当然のことながら、行動を理解する際の基本的枠組みも内的なものにならなくてはならない。すなわち、刺激・反応を中心とした視点に立って外的な態度・行動に着目するといった形で外的枠組みによる理解をはかるのではなく、その人自身に対して表れ（る可能性を持ち）、その人の意識や行動と密接に関連しているものについて、その人自身の意味づけや感情などを重視しつつ、その人の内面からの理解をはかるべきなのである。

こういうことから考えると、学習とか行動の変容ということも、行動主義者流に「強化」として理解するより、「体験の経験化」として理解したくなる。また、意欲とか動機づけの問題に関しても、内的な渇きと促しの視点から理解したいものである。さらには、憧れや夢など、自己実現的と形容される内的要求や傾性についての重視が必要となるのではないだろうか。

以上に述べてきたところが、我々が考える真の心理学のあり方であるが、注意が必要なのは、内面世界への視点を基盤とした人間理解・人間研究をしていくということは、内面世界のみを考えることではない、ということである。内面世界のみを理解すれば、人間理解・人間研究が完結する、ということではないのである。当人も気づかぬまま外部に示される態度・行動や発言も、われわれの研究にとって重要な手がかりを与えるものであることは言うまでもない。また、当人の意図と、態度・行動や発言とのずれも、われわれの研究に際して重要な意味を持つものである。われわれが強調したいのは、その人の内面世界のありようを中心に据えてその人を理解するということであり、内面世界にのみわれわれの視点を限ろうということではないのである。この点については、第12章において、もう一度、研究の方法論の問題としてふれることにしたい。

＊1　Shaffer, J. A., *Philosophy of Mind*, New Jersey: Prentice-Hall, 1968.（『こころの哲学』清水義夫訳、培風館、一九七一年）
＊2　慧海禅師『頓悟要門』岩波文庫。慧海は八世紀末から九世紀初めの人。
＊3　戸川行男『意識心理学——人間とは何か』金子書房、二九四〜二九五頁、一九八七年。

第12章　内面性を重視した心理学の研究方法とは

心理学は、実証性を大事にする。その意味では「科学」をめざすものである。しかしながら現代の心理学は、それを意識するあまり、厳密な実証的検証に十分耐えられない対象領域を切り捨てていく、という本末転倒な行き方に陥りがちであった。このため、人の「内面」の問題について見て見ぬふりをし、きちんと扱わないまま今日にいたっている、という残念な状況がある。

内面世界を中心視点とした心理学的研究を進めていくためには、具体的にどのようにしたらよいのであろうか。どのようなことを念頭に置き、どのような方向から、どのような方法を用いて研究を進めていけばよいのであろうか。特に重要だと考えられるいくつかの点について考えておくことにしよう。

1　研究、認識、実践

研究を職にするかどうかは別として、自分なりの研究を進めていこうとする人は、いつでも、良き探究者であろう、良き認識者であろう、と努めるはずである。つまり、どのような生活の場、実践の場に身を置くにしても、常に良き探究者、良き認識者であろうと努める人こそが研究者なのである。

何らかの実践が最終目的である場合であっても、そこに不断の探究と、それを通じての妥当な認識、深い洞察が欠けているなら、その実践は皮相なもの、悪くすれば的外れのものになってしまうであろう。実践と認識は、相互規定的なものであるにせよ、また、実践を通じてしか得られない認識を重視したいと考えるにせよ、最も基盤的なものとして、良き認識者であろうとする努力が不可欠であることを認識しておく必要があるのではないだろうか。独善にも偏狭にも陥ることなく、ことがらの本質を認識していこうとする努力が、たとえ実践の只中にある場合であっても不可欠である。

妥当で深い認識を得ていくためには、当然のことながら、自分自身の認識の過程について、絶えざる反省が必要となる。特に、人間の意識と行動を、実存的な深みから理解し、認識していこうという本当の意味での心理学、人間学の研究者であろうとするなら、この意味での反省は、本質的な重要性を持つ。研究課題の特質から言っても、独善的な認識に安住し、その独善を共有する小集団の中に埋没する、という形での自己満足に陥りやすい研究領域であるからである。こうした心理学や人間学を構想する場合、方法論の問題が不可欠な一部として常に議論されてきた理由の一つも、この点にある。

たとえば、われわれの考えるヒューマニスティック心理学の基本理念（第I巻の巻末に収録の資料を参照）においても、当然のことながら、こうした方法論にかかわる問題が、きわめて重要な位置を占めざるをえないのである。

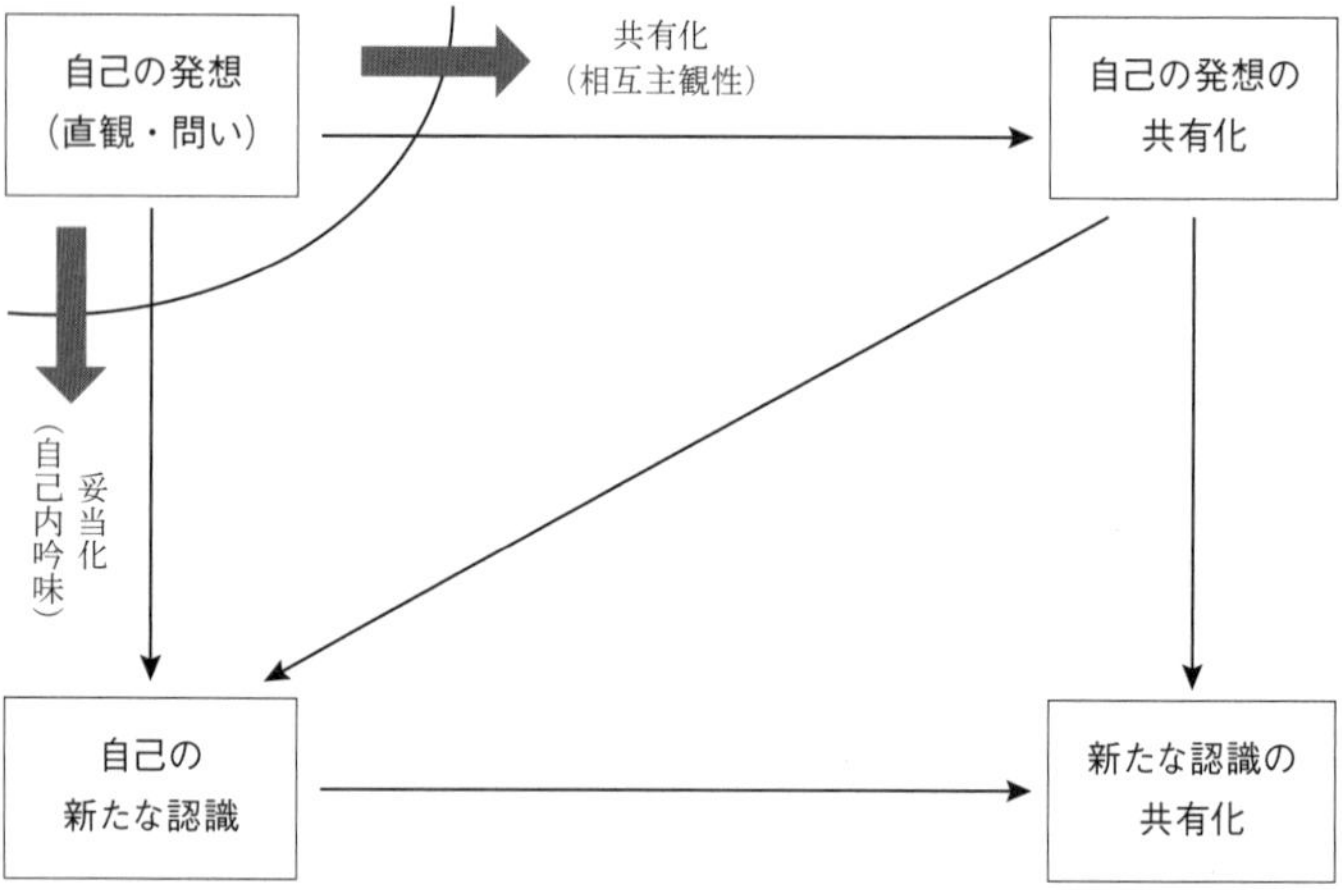

図 12-1　研究の方法論がはらむ二つの志向性

2　方法論の二つの柱
――妥当性の保証と相互主観性の確保と

方法論とは、あれこれの具体的研究テクニックのことではない。研究の過程、手続き、テクニックなどを貫く基本的な考え方のことである。研究という認識過程を、どのような反省意識にもとづいて進めていくか、である。これを欠いたままでは、独善や偏狭に陥るだけでなく、自らの独善や偏狭に気づくきっかけを持てないままになるのである。逆に言えば、独善や偏狭に陥らないための歯止め、あるいは自分自身が独善や偏狭に陥っているかどうかを反省する基本視点、が方法論であると言ってもよい。これは、具体的には、次の二点にかかわるであろう。

(1)　自らの得た新たな認識の妥当性を、自分自身に対し、どのような方法と論理で保証していくか。

(2)　自らの問題意識や認識を、他の人々（特に実感・納得・本音を異にする人々）に対し、どのような方法と論理で共有化していくか。この二点が実現していくことによってはじめて、研究という名に真に値するものとなるのである。また、学問と呼ばれる知的共有財産を築いていくことも、言うまでもなく、この二点を土台にしてのことである（図12－1を参照）。ともかくも、自分の勝手な思いつきを独語しているだけ、あるいは自らの仲間に語っているだけでよいとするなら、方法論などはじめから必要ではないのである。

3　内面性の心理学と方法論の問題

われわれが特にこうした方法論の問題を常に念頭に置かねばならないのは、内面性に関する心理学的な研究がはらむ条件なり性格なりに由来するところがないわけではない。

まず第一に、内面世界にかかわる問題の探究においては、当然のことながら、「体験」とか「思い」「願い」「喜び」「こだわり」「心の痛み」などといった個人的な内面の事実を重視するため、研究結果を「共有化」し、相互主観性を確保するための工夫が不可欠である、といった事情がある。

第二に、内面世界の問題を扱う際には、特定の場合にしか、あるいは一部の人にしか体験できない現象を扱うことが少なくないため、研究結果を「共有化」する努力は当然のことながら、それ以前の課題として、自分自身に対して真に納得できるものとするために「妥当化」の手だてが不可欠のものとして要求される、といった事情がある。

さらに第三として、内面性の心理学的研究は、行動主義に代表される自然科学的方法論を絶対視する

「科学的」心理学を乗り越えようという志向を持たざるをえないため、従来の自然科学的パラダイムに代わる方法論を明確化することが不可欠になる、といった事情がある。

こういった諸事情があるからこそ、われわれが内面性に関する心理学的研究をしようとする場合、常に方法論的な反省と吟味が不可欠なのである。しかし実際には、こうした面に関心を持つ人の中には、悲しいことに、方法論に対して無関心、無感覚であったり、軽視し、無視する傾向が見られないではない。

しかし、当然のことながら、方法論にこだわりすぎることによって、人間研究そのものに停滞が生じるのでは、まさに「角を矯《た》めて牛を殺す」ようなものである。研究そのものの進展の過程では、方法論の問題を後回しにして、「今」「ここ」での自分自身にとっての「真実」を追求する必要がある場合があるであろう。われわれの志向するところには、常にこうしたジレンマが存在するのである。

4　一人称的なアプローチを土台とした研究展開を

従来の心理学が堅持してきた客観的アプローチ、つまり三人称的なアプローチは、決して軽視されてよいものではない。しかし、このアプローチだけでやっていこうとすると、行動主義的発想に典型的に示されるように、どうしても人の外面しか問題にしなくなる恐れがある。外部から客観的に観察される態度や行動にしか注目しなくなる恐れがある。これでは、ここで述べてきたような内面世界を重視した研究は不可能と言ってよい。三人称的なアプローチに加えて、いや、それ以上の重みを持つものとして、研究者が、自分自身の内面世界について探究し、吟味することが不可欠である。つまり、一人称的な研究アプローチ、主観性にもとづく自己探究・自己吟味のアプローチが、内面世界を基本視点として重視する心理学的研究においては、最も土台に置かれるべきであると言ってもよい。

自分自身の見ている世界、自分自身の生きている世界について、自分なりにどう認識しているか、さらには、そういう認識に関連して、どのような感情やこだわりがうず巻いているか、どのような渇きや促しを感じているかなどを、まず洞察しなくてはならないのである。このために、自分がそれまでに書いた日記や手紙、作品やメモなどの類が良い手がかりとなることも多い。

こうしたアプローチにおける妥当性の根拠となるものは、自己内吟味であろう。自分の気づきや発見などと思うものが自分のこれまでの体験や実感に照らして問い直してみた場合、本当に納得できるかどうかということを、繰り返し吟味してみることが大切ではないだろうか。

いずれにせよ、こうした内省的探究と洞察が十分になされてはじめて、人が一般に持つ（だろうと推定される）内面世界に関するわれわれの理解も、実感的体験的な基盤のある了解の域にまで達することができるのである。さらに言えば、こうした一人称的探究が土台になっていないならば、さまざまな心理学的理論や仮説の体系が、人間存在の具体的ありようを理解していくうえでどの程度の意味を持ちうるか、という判断も困難になるのではないだろうか。それだけではない。人間理解のために、そもそもどのような問題なり現象なりに着目したらよいのか、ということさえ判断できないであろう。

5　自己洞察の上に立った二人称的アプローチ、三人称的アプローチを

こうした土台の上に立って、互いに心を許し合える者同士が互いの内面をさらけ出し合い、相互理解を進める中で自己理解・自己洞察を進めていく、という方法も重視されるべきであろう。これは二人称的な研究アプローチであり、相互主観性にもとづく共感的相互探究のアプローチと言ってもよい。

このための基本的な研究資料としては、他の人によって書かれた内省報告や自己記述、そして日記や手記、手紙の類が重視されねばならない。また、さまざまな形での対話記録も、このための基礎資料として有益である。これらの内容を検討していくことを通じ、その人の認識の世界、さらにはその底にある実感の世界について、探究していくことができるはずである。また、そうした認識や実感などのあり方に見られる内的な矛盾や食い違いなどに着目していくことによって、内面世界の構造や機能のあり方についても検討していくことができるのではないだろうか。

また、これと並んで、客観性の確保に最大限の優先性を与える三人称的なアプローチによって進むという道も、こうした一人称的アプローチを土台として踏まえたうえでのことならば、追求されてよいであろう。いずれにせよ、二人称的なアプローチと三人称的なアプローチのいずれに進んでいくかは、「人間を理解する」ということを基本的にどのような形でイメージするかによる。個性の記述なり了解なりをめざすならば二人称的なアプローチとなり、意識や行動についての一般法則を見いだそうとするならば三人称的なアプローチとならざるをえないであろう。

表 12-1　3種の研究アプローチの特色

	一人称的接近（自分自身についての理解）	二人称的接近（相手の人についての理解）	三人称的接近（人一般についての理解）
利　点	最も具体的な形で人間存在のあり方を理解することが可能になる	自分で気づいていない面を含め，具体的かつ総合的な形で人間存在のあり方を理解することが可能になる 相互刺激，相互洞察を通じてダイナミックな理解が可能となる	最も公共性のある形で人間存在の諸相を認識することが可能になる
留意点	虚心坦懐に自分自身を見つめる訓練が必要	相手の人と相互信頼，相互開示の関係を築くことが必要	対象者の意識や行動に対し研究活動が影響しないよう配慮が必要
研究方法例	自分自身の内省内観	相手の人の内省内観報告 対話 参加観察	対象者の内省内観記録 （対象者と距離を置いた）観察 実験
問題点	スタティック（静態的）な理解になりがち 自己洞察の広さや深さによって研究成果が直接的に左右される	相手の人との信頼関係によって研究成果が左右される	対象者の内面世界を軽視したり，浅い切り込みになったりしがち

しかし、望ましくは、二人称的なアプローチの場合にも、三人称的アプローチの成果を大きな枠組みとして活用すべきであろう。また同時に、三人称的なアプローチをする場合においても、二人称的なアプローチによって得られた成果を、その理論構成の内実を豊かにするため活用すべきではないであろうか。

いずれにせよ、こうした二人称的アプローチ、三人称的アプローチの諸成果は、最終的には、一人称的アプローチによる人間理解、すなわち自己理解・自己洞察へとフィードバックされるべきである。研究者自身が独自・固有の個性を持った一人の人間であり、その人間研究の営みが真摯なものであればあるほど、その研究成果が自己理解・自己洞察の深化へ帰結しなくては空しく感じるであろうからである。人間が人間を研究するということは、汝の理解を通じて我の理解を深め、類としての自己理解を深めることを通じて個としての自己理解を深める、ということであろうからである。

こうした形で、一人称的アプローチから出発しつつ、二人称的アプローチと三人称的アプローチを駆使して研究を進め、その結果を再び一人称的アプローチにフィードバックさせつつ、また二人称的、あるいは三人称的アプローチでの研究を進めていく、といった相互回帰的な研究の深まりの過程が望まれるのではないであろうか。しかし、こうしたプロセスが真に有効なものとなるためには、それぞれのアプローチが持つ基本的な特質と利点・問題点などを十分に理解しておくことが不可欠である。少なくとも、表12－1に示すような点について十分に考えたうえで、各アプローチから得られた知見を活用していく必要があるのではないだろうか。

6 いくつかの実際的提言

こうした事情を踏まえて、ここで実際の研究を進めていくうえでの基本的準則を、当面の暫定的なもの、という限定をつけながら、さらには筆者の個人的信条にかかわるもの、という色彩を十分承知のうえで提案しておくことにしたい。これは、あらためて言うまでもなく、人間存在の具体的ありようについての洞察を深め、しかもそれを一つの「学」として妥当化、共有化を図っていくうえで不可欠のものと筆者が考えているものである。

まず、研究者自体の堅持すべき姿勢の問題として、次のような条件が重要なものとなるのではないだろうか。

(1) 自分自身にとって真に大切だと思える研究課題にこだわり続けること。研究に際して、自分自身の個人的な価値感覚、方向感覚に忠実であること。

(2) 「十分に話し合えば分かり合える」といった素朴な信頼感を捨てること。一人ひとりの内面世界の、そこでの実感や論理や納得の、個別性・多様性を、重いものとして前提にすること。

(3) 研究の仕上がりのスマートさより、そこに含まれる洞察の中身や深さの方を大事にすること。この意味における研究のオリジナリティと将来への発展可能性を、何よりも重視すること。

(4) 自分自身の内面に積み上げられてきた研究の軌跡、認識の軌跡を常に確認し、大事にすること。流行のテーマに追随していくだけの「研究」にならないよう留意すること。

(5) 世渡りの道具としての「研究」と、自分自身の必然・必要としての研究とを常に峻別し、後者にこそ懸けていくという姿勢を、自分自身の「研究者」としてのあり方の基盤に据えること。

こうした姿勢を持ち、一人称的、二人称的なアプローチを土台としつつ客観性を重視した三人称的アプローチともなるよう研究を進めていこうとする場合、次のような具体的視点が重要になってくるのではないだろうか。

(1) 研究対象となる事象の関係者（自分自身をも含む）について、その内面世界の具体的あり方を了解することを重視した研究アプローチを行う。言い換えるなら、基本的には、関係者の内面世界に投影されたところを土台として、その事象の了解をはかるように努める。外的な態度や行動も、それを支える内面世界に着目して理解をはかる。

(2) 外的な要因・変数（たとえば、収入、学歴、職業、年齢など）についても、それらが関係者の内面にどう投影され、意味づけられているか、を土台として検討、考察する。外的な態度や行動に現れるさまざまな差異も、そうした内面の相違の反映として理解する。

(3) 場と時を共有したとしても、「客観的な現実」は立場の違いによって基本的に異なったものになることに留意し、相互の違いについて議論を深めていって、より共有性の高い見方を求めるように努める。重要なのは、一人ひとりによって「現に生きられている現実」そのものであることを常に念頭に置く。

7　二人称的アプローチ、三人称的アプローチの研究手順

こうした考え方にもとづいて実際の研究を進める場合の手順の例を、以下に、簡単な形で示しておくことにしたい。

まず二人称的なアプローチから出発するとするならば、次のような点が必要になるのではないだろうか。

〔ステップ1〕　対象者・関係者とラポールをつける（何でも口にできる相互信頼の関係をつくる）。

〔ステップ2〕対象者・関係者の内面（思い、こだわり、考え方、感情など）について、以下のような手法を用いた調査（共感的に and /or 第三者的に）を実施する。
①内観報告　④構造化面接
②自由面接（非構造化面接）　⑤項目設定式質問紙
③自由記述式質問紙　⑥チェックリスト、インベントリー
〔ステップ3〕対象者・関係者の内面がおのずから表出していると見られる以下のような資料の収集に努める。
①表情やそぶり、外的態度　③対話記録
②つぶやきやささやき　④手記・日記・手紙
〔ステップ4〕調査結果やデータなどについて以下のような手法を用いた現象的な整理を行う。
①内要分析　③相関分析
②単純集計
〔ステップ5〕対象となる現象の構造と要因連鎖の想定を、以下のような手法を用いて試みる。
①要因関連図
②多変量解析（因子分析を含む）
〔ステップ6〕前2ステップの結果について、自分自身の内面世界に照らして了解すべく以下の視点から検討吟味する。
(1) 自分自身が調査等の対象となったならばどう反応するであろうか、自分の場合について回答やデー

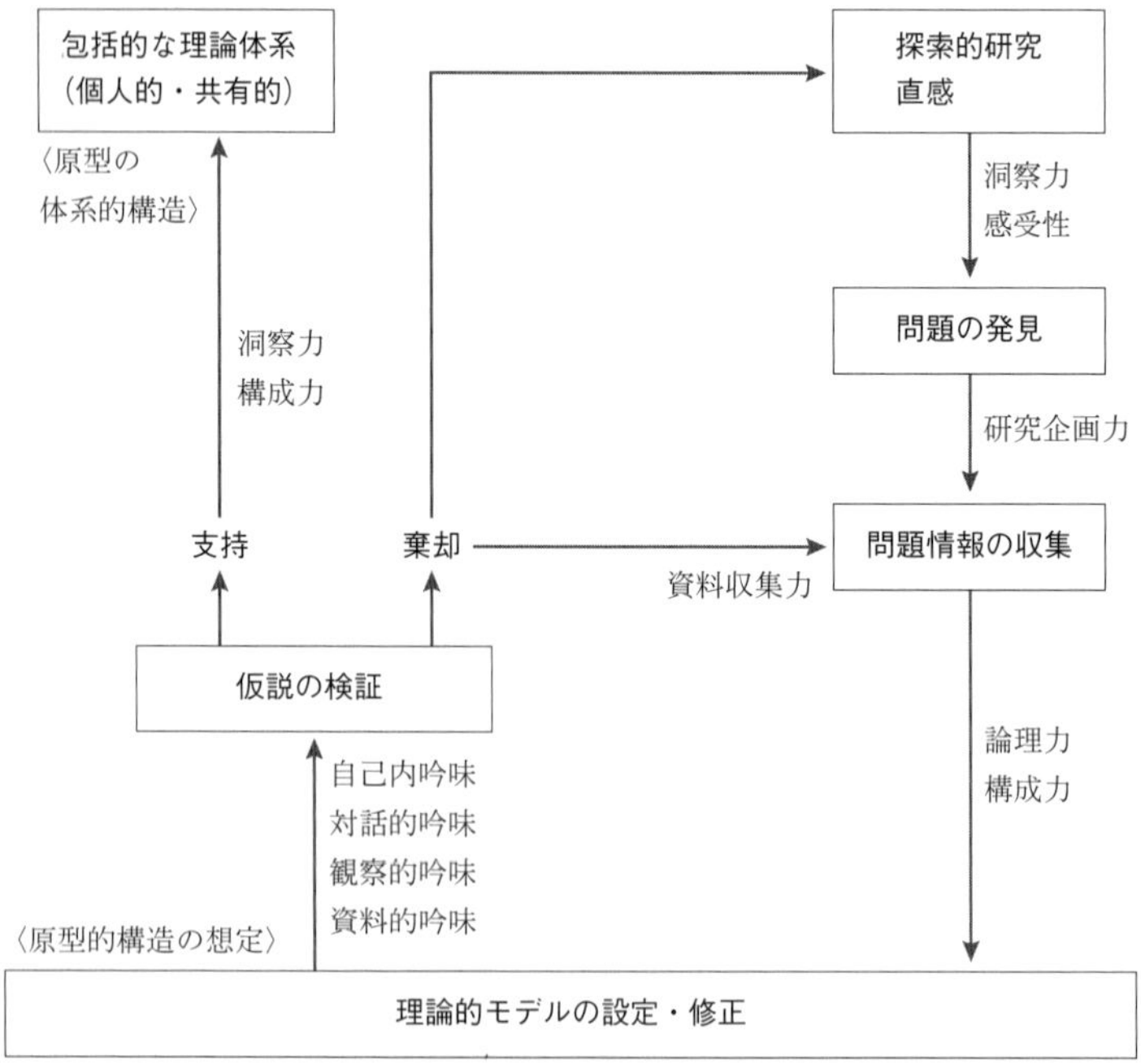

図 12-2　研究過程の基本構造

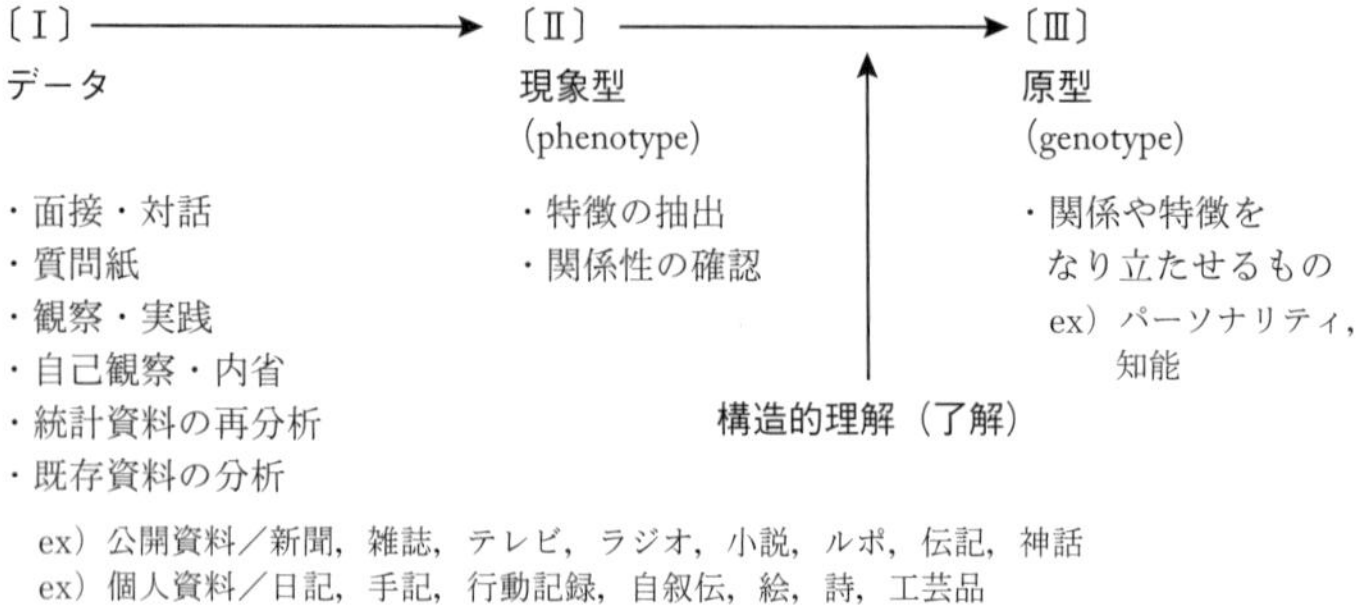

図 12-3　実証的研究の具体的あり方

タを想定し、比較吟味する。

(2) 自分自身の場合との異同をも踏まえ、研究結果の意味するものの全体的な了解に努める。

以上に述べてきた研究手順を、客観性を重視した三人称的アプローチの研究としても位置づけていこうとするならば、図12－2に示すような全体構造の中への組み込みが必要となるのではないであろうか。ここに述べた研究手順の全体構造は、基本的には、データの収集、現象型の確認、原型の想定、の三ステップから構成されている。この三つのステップは、資料の収集と整理にもとづく実証的な研究を行おうとする場合、不可欠のものと言ってよい。ここで、研究の信頼性と妥当性がどのような形で問題とされるかを確認しておくことは重要であろう（図12－3）。

信頼性は、測定の一貫性・恒常性を問題にするものであり、データ〔I〕と現象型〔II〕との関連を問うことになる。妥当性は、測定の目標志向性を問題にするものであり、データ〔I〕と原型〔III〕との関連を問うことになる。

8 具体的な問題関心に導かれつつ

以上、研究の方法論に関して、特に重要だと思われる点をあげてみた。ここで述べてきたところは、あるいは、ややラジカルに見える点があるかもしれない。しかし、ここで述べた方法論的感覚を共有する研究が、最近精力的に行われるようになってきている、ということもまた事実である。たとえば、ホルウェイの研究（Hollway, W. 1989.）など、その典型的なものではないだろうか。[*1]

彼女は、自分自身がこだわり続けてきた「現代社会において女性として生きていくこと」を中心的な研究テーマとし、研究アプローチとしては客観性よりも具体的現実性を重視する。そして、オーソドックスな心理学で多用されてきた実験や観察、質問紙調査やテストを用いないで、自分の周囲の人との対話記録、グループでの話し合い記録など、テープレコーダーに記録された会話の分析によって、研究を進めていく。ここでは強く自我関与した問題関心が研究全体を貫いていると言ってよい。つまり、まず自分自身のための研究、という強い姿勢が見られるのである。言い換えるなら、科学的心理学という幻想的な体系のほんの片隅を埋めていく作業をするのが心理学者の務めなのではなく、自分自身一人の人間として、自分にも他の人達にも有効性を持つ研究をしなくては、という考え方なのである。

ここではホルウェイの研究そのものの紹介はしないが、こうした動きが出てきていることは、心理学の将来にとって心強いことと言えるのではないだろうか。

＊1　Hollway, W., *Subjectivity and Method in Psychology —— Gender, Meaning, and Science*. London: Sage, 1989.

Ⅵ

内面世界を育て整えるために

附章1　慎み――欲望を制する

1　「控えめ」の美しさ

民主政治という美名のもとに、醜い党派争いが展開され続けています。広く公論を起こし、議論の積み重ねの中でものごとを決めていく、という日本古来の美風とは似ても似つかぬ低次元の泥仕合です。また言論の自由という美名のもとに、個人的スキャンダルを追いかけ、公人についての悪口雑言を垂れ流し、子どもにまで低俗な情報を供給しているという現状もあります。品格などとは無縁の醜い現代日本社会の姿であり、現代日本人の姿と言うべきではないでしょうか。

こうした中で、何よりもまず現代日本人に再興したいのは、「慎み」の心ではないかと思われてなりません。兼好法師は、鎌倉時代の初め、『徒然草』で次のように述べています。[*1]

人は己れをつゞまやかにし、奢《おご》りを退けて、財《たから》をもたず、世をむさぼらざらんぞ、いみじかるべき。

（第十八段）

自分自身を控えめにし、むやみにぜいたくする気持ちを捨てて、財産に執着するようなことはしないで、世の中での満足ばかりを追求することのないようにするのが大事なんだ、と言うのです。「つづまやか」とは「慎しい」とか「控えめ」とか「慎み深い」という意味です。これと逆なのが、「奢り（ぜいたくのかぎりをつくすこと）」であり、「世を貪《むさぼ》る（世の中での満足を飽くことなく求める）」ことでしょう。

こうした「奢りを避け慎みを大事にする姿勢」からは、また、次のような美意識にも導かれることになります。

花はさかりに、月はくまなきをのみ見るものかは。雨にむかひて月をこひ、たれこめて春の行《ゆく》へ知らぬも、なほ哀《あはれ》に情《なさけ》ふかし。咲（き）ぬべきほどの梢、散りしをれたる庭などこそ見所おほけれ。

（第百三十七段）

花はその盛りばかりを賞美するものじゃない、月もまた満月の時ばかりを賛美するものじゃない、ということです。降る雨を見ながら、雲の上に隠れている月を想い、部屋に引きこもったままで春の様子がどうであるかを知らないままになるのも、しみじみとした情緒があるではないか。もうすぐ花が咲きそうになっている枝の先や、花びらが散ってしおれている庭なども、また見るべき所が多いのではないか。こう言っているのです。
欲望の全面的な満足こそが幸福！　という単純明快で上っ滑りな単細胞的思い込みを、笑顔でたしなめている感があります。こうした内的感覚が内にあってはじめて、飽くことなく自己の欲望の満足を求め、自己主張や権利主張や私利私欲の追求に狂奔する、といったことをいったん停止する、といった基本姿勢が生まれてくるのではないでしょうか。

『論語』にも、次のように言われています。[*2]

君子は食飽かんことを求むること無く、居安《きょ》からんことを求むること無し。事に敏にして言に慎しみ、有道《ゆうどう》に就きて正す。

（巻一学而第一の一四）

君子と呼ばれるようなできた人は、腹一杯食べようなどとしないし、住む家が安楽であることを求めようともしない。仕事をきちんとこなし、言葉を慎重にし、道義に優れた人に指導してもらって自分の言動を正しいものにしていく。孔子は二五〇〇年ほど前に、こういうことを言っているのです。
「待てよ、待てよ、それでいいのかな？」と、猪突猛進しそうな自分自身をいつも引き締め、謙虚で控えめな姿勢を常に保とうとする心構えが必要なのです。言い換えるなら、常に自省自戒を心掛け、我執を排し、軽挙妄動をしないことが大切なのです。
こうした「慎み」を日本人の誰もが持つようになれば、現在の世相の醜悪さは、そのかなりの部分が消失するのではないでしょうか。いやそれ以上に、日本を世界に誇れる道義社会、高次の精神に満ちた社会にしていくことができるのではないでしょうか。

「慎み」を再興するためには、日常生活の中で、お互いに戒め合い、努力し合うことも必要となるでしょう。たとえば、語るよりも聞くことを大事にすべきではないでしょうか。ディベートよりも対話を重視すべきではないでしょうか。取り引きの構えを捨て無償奉仕の習慣を養うべきではないでしょうか。他人の欠点をあげつらうのでなく自分の至らなさに思いを致すべきではないでしょうか。

2 自分なりの「美学」を持とう

しかしながら、こうした努力の基盤には、人間性の本質についての深い理解を皆で共有することが必要となるでしょう。特に自省自戒とか自己統制と呼ばれてきた心的機能の持つ人間的な本質についての理解です。野放図にならないための、傍若無人にならないための、締まりのないだらしなさに落ち込まないための、自分が本当に自分自身の主人公になるための、対自的姿勢の保ち方です。これはまた、「好きなことを好きな時に好きなようにやるのが最も幸せ」といった浅薄な人間理解を克服する視点でもあります。

欲しいものは欲しい、やりたいことはやりたい、嫌なことは嫌、……これが元々の人間の姿であると言ってよいかもしれません。つまり、人間の原初的な姿は、衝動・欲求の塊と考えてよい面があります。

ここでは「善悪」とか「美醜」といった価値は、一切関係ありません。「真」や「正」や「清」や「尊」等々の価値あるものを大事にするといった気持ちも、全く入り込む余地がありません。まさにむき出しの生命力と言ってもよいでしょう。この具体については、もの心のつく前の欲求緊縛的な乳幼児の姿からも理解することができるのではないでしょうか。

しかしながら、人間としての心が成熟していくにつれ、TPO（時・場所・場合）を理解し、それに対応した言動をするために自分の衝動・欲求を我慢することを覚えていきます。つまり内的な衝動・欲求に軽々しくは振り回されない主体性が、まさに軽挙妄動しない主体性が、育ってくるのです。これが「慎み」の第一段階目と言ってよいでしょう。

こうした基盤の上に、人間としての心のより高次な成熟に従って、TPOを越えた価値軸が、つまり「善」や「美」や「正」等々といった感覚が確立していくのです。そして、そうした軸に沿った言動をするために自分自身を引き締め、方向づけていくことを学んでいくのです。他の人が見ていようといまいと（他の人との関係で成立するTPOとは無関係に）自分自身の言動を統制していくようになるのです。これが「慎み」の第二段階目です。

このように、「慎み」とは、単に他の人に対して謙譲の気持ちを持つだけのことではありません。「アフターユープリーズ（どうぞお先に）」というエチケットの域にとどまるものではないのです。TPOに応じ、めざすべき価値の実現に向け、自己統制をすることなのです。

3　「慎み」を身につけるには

このように考えてくるならば、「慎み」の再興のために必要な課題が見えてきます。TPOを中心とした現実認識の力を養うこと、自分自身を引き締め我慢することを訓練すること、自分の実感・納得・本音にもとづく価値意識を確立することです。どの課題も、豊かで寛容な社会においては、特別に意図して取り組まなくてはなかなか困難なものと言ってよいでしょう。

物があふれ、すべてが便利になった現代社会では、衝動・欲求を断念する機会が少なくなっています。現実認識にしても、衝動・欲求の充足に障害がある時に特に必要とされるものですから、現代社会では現実認識抜きで、単にボーッとしていてもやっていけることが多くなっています。また、我慢することも現代社会では少なくなっているので、特別に機会を設けて自己訓練をするほかはありません。たとえば、具体的には、「早寝・早起き・朝ご飯」に始まり「挨拶・掃除・奉仕活動」へと進んでいく、といった生活規律を確立していくことを通じて、日常的な形で現実認識や我慢の自己訓練ができないでしょうか。

それだけではありません。現代社会は「寛容な」社会です。「叱ってはいけない」「挫折させてはいけない」「心に傷を負わせてはいけない」ということばかりが強調される「姑息の愛」に満ちあふれた社会です。よほど是々非々をきちんとさせながら人に対していくことを心掛けなくては、結局は寛容や愛情が裏目に出て、人々をスポイルしてしまうことになるのではないでしょうか。

こうした基盤の上に立って、自分持ちの価値意識を確立することが大きな課題となります。必要とされる価値意識は多面にわたりますが、何よりもまず、日本古来の「和《やはらぎ》」の再興を考えたいものです。聖徳太子のものと伝えられている憲法十七条の冒頭、「和をもって貴しとなす」という言葉が置かれています。ここでは詳しく述べませんが、繰り返し味わってみたい言葉です。

いずれにせよ、自分の主張をしさえすればいいということではないのです。議論を盛んにしさえすればいいということではないのです。調和ある着地点まで想定して慎みある主張なり議論なりをすべきなのです。こうした「和」の精神を通じてこそ、皆で大事にしていくべき共通の価値観も築き上げられていくのではないでしょうか。

4　心を我が身の主人公とする

江戸時代も半ばを過ぎると、それなりに安定した豊かな社会となり、人々が安逸をむさぼるようになりました。そうした時期に、庶民を中心として学問を教え、日常的な生活倫理を指導した心学と呼ばれる一派が出てきました。これは、町人学者（商家の番頭だった）である石田梅岩が、一七二九年、四五歳で京都に一般民衆のために講席を開いたのが始まりと言われます。この流れの人達は分かりやすい言葉で人の踏むべき道を説いたのですが、その代表格の一人である柴田鳩翁《きゅうおう》は、『鳩翁道話（三之上）』の中で次のように語っています。[*3]

樹木《うえき》を育つる事は、養ひがなければならぬといふ事を知つて居る人が、己が身を養ふことを知りませぬ。是はどうしたものでござりませうぞ。養ふ事を知らねばこそ、明けても暮れても思ひつく事は、銭がほしい金がほしい、よいものが着たい、うまひものがくひたいと、得手勝手な事ばかり思ひ付いて、我が身の倒るる事も、我が身の害になる事もかまはず、無分別ばかり。……ナント人は賢い様でも、また愚かな所があるものでござります。畢竟《ひっきょう》我が身を可愛がる様で実は可愛がらず、却《かえ》つて樹木を可愛がる事を知つてゐるは、ナント無分別ではないかと。……

心を養ふ事を知らねば、身を養ふ事が出来ませぬ。心を捨てておゐて身ばかり養はふとするは、いはゆると身贔屓《みびいき》身勝手と申す、私心私欲のかたまりに成りまする。その私心私欲で身を養はふといたしますると、かへつて身をそこなひまする。ここの境がいたつてむつかしい所じや。心を捨てては何もする事はござりませぬ。心を捨ててする事があつたら、みな身贔屓身勝手でござります。古歌に、

　つくづくとおもへばかなし　いつまでか身につかはるる心なるらむ

成《なる》ほど心が主人となつて身を家来として使ふ時は、みな道に適《かな》ひまする。身を主人として心を使ひまするは、心を捨つると申すものじや。心が身に使はれますると、いつでも道に外れて、みな身贔屓身勝手になりまする。……

くどくどと言っているようですが、まず前半では、自分自身に対する配慮（振り返りと統制）がない

と無分別に陥る、ということの強調でしょう。現代フランスの思想家ミシェル・フーコーの『自己のテクノロジー』を思わせるような語り口です。後半は、自分自身に対する配慮も、心を整え（価値軸の確立とそれにもとづく自己統制）、その心を主人公に据えることをしたうえで行わないと、私心私欲で突っ走っていくようなことにもなる、という戒めでしょう。いずれにせよ、「慎み」のないままでは無分別になり、私心私欲で動いてしまうようになる、ということを教えているわけです。

日本の社会では、古くから今日に至るまで、野放図にならぬこと、欲望の全面満足を求めないこと、自己の欲望に追い使われないこと、そしてそうした「慎み」によって自分自身が真に自己の主人公になることが、美意識としても、倫理感覚としても大事にされてきたことを、いささかも軽視してはならないでしょう。

＊1　『方丈記　徒然草（日本古典文學大系）』西尾實校注、岩波書店、第十八段、第百三十七段、一九五七年。
＊2　『論語』金谷治訳注、岩波書店、三〇〜三一頁、一九九九年。
＊3　『石門心学（日本思想大系）』柴田実校注、岩波書店、二七四〜二七五頁、一九七一年。

附章２　冷暖自知――体験し経験化をはかる

１　言葉だけでは分からない

何かが本当に分かるということ、何かを本当に伝えるということは、単に言葉のうえでだけのことではありません。自分の体験を通じ、実感に根ざしてでなくては大事なことは分かりようがないのです。そして、本当に大事なことの伝え合いは、お互いの共通体験という基盤を確かめ合いながら、お互いの実感世界の中をまさぐり合いながら、でなくては不可能なのです。

でも、言葉を知っているだけで、そのことが分かったつもりになっていることが、よくあります。言葉を尽くして説きさえすればそのことを分からせることができると、懸命になって話していることもあります。そうした折に〈冷暖自知〉という言葉をハッと思い起こして、自分の浅はかさを思い知らされたような気がすることもあります。

特に、〈お茶〉や〈お華〉をはじめとする日本の伝統文化の世界では、ものの感じ方や味わい方、その基盤となる心情のあり方、気持ちの整え方が大切になります。しかしこうした面になると、言葉は直接的な有効性を失うことが多いのではないでしょうか。言葉以前の、体験すること、実感することが決定的な役割を演じることになるように思われます。

ちょうど一〇〇〇年前に中国で編纂された禅問答の集大成である『景徳伝灯録』には、「人の水を飲みて冷暖を自ら知るが如し」とあります。実際に水を飲んでみれば、それが冷たいか暖かいか自然に分かる、ということです。そうした実感を抜きにして、言葉だけをもてあそんでも、何も分からないし、何も伝え合えない、ということでもあります。

もちろん、ここから、体験とか実感といった面だけを強調する極端に走らない注意も必要でしょう。つまり、大事なことはすべて自分で体験してみなくては分からない、他人から教えてもらうことは何もない、というところまで行ってしまうと、また困ったことになります。

禅の道でも、「生得の自覚自知が悟りであって、他人には窺《うかが》い知れない」とか「悟りはその人にだけ知られるものだから、自分自身で悟るよりほかに道はない」といった考え方が後に出てきました。そして道元は、〈冷暖自知〉をそうした意味で強調する極端をたしなめたといわれます。[*1]

いずれにせよ、言葉から入って体験と実感の世界に気づき、新たな形で自らの体験と実感の世界を意味づけし直す、といった作業と同時に、その逆の道筋ともなりますが、体験と実感世界を言語化し、その言葉になった部分が自分自身の体験や実感とどのようにつながっているかを問題としてみる、ということも大切になるでしょう。こうした形での絶えざる往復作業が常に必要とされるのではないでしょうか。

2　本当の感性が軽視されがちな現代だからこそ

それにしても、最近の子どもは難しい言葉をいろいろ知っているけれど、そうした言葉の意味するところを本当に分かっているわけでない、ということをよく耳にします。実はこうした傾向は子どもだけのことでなく、若者にも、壮年にも、そして老人にさえも見られる現代の文明病ではないでしょうか。流行の言葉を深く意味も考えないまま口にし、言葉のうえで辻褄《つじつま》を合わせるだけの思考をし、互いにその場限りの言葉のやりとりをするだけの会話をしがち、といった生活習慣の中で、言葉が限りなく軽いものになり、単なる符丁になったり合言葉になったりしているのではないか、という感じがないではありません。

カントをはじめ少なからぬ西洋哲学者は、精神的能力の総体を、感性（sensibility）と悟性（intellect）と理性（reason）の三者に区分して議論を展開してきました。感性とは感覚の力であり、またそれによって触発される感情です。これに対して悟性とは、概念的かつ分析的な思考の力です。そして理性とは分別的な判断の力であり、さらには道理をわきまえた冷静な正気を保つことです。これら三者が相互に関連し合って、実感的な土台を持ちながら合理的に考え、その結果にもとづいて責任ある判断ができるというあり方が望ましいとされたり、理性によって自分の感情を統制すること、さらには思考のあり方そのものも理性にもとづいたものにすべきである、とされたりしてきたわけです。

しかし近代以降は、どうしても悟性や理性の働きが強調され、感性が軽視され無視されてきたという事情があります。意識的世界だけを個々人に与えられたものとし、その世界だけで合理的思考を展開し理性的判断をするというあり方が重視され、これこそまさに主体的で自立した人間としての基本条件であると考えられてきたのです。

つまり、意識世界に何かをもたらす感性の働き、言い換えるなら環境と主体とのインターフェイス機能としての感性の働きが、ほとんど顧みられなかったわけです。しかも感性のあり方が、意識すると否とを問わず悟性や理性のあり方を左右している、という面に目が向けられることも少なかったのです。

近代的な「自我の確立」と呼ばれることのある欧米的な「個の自立」が、どこか底の浅さを感じさせ、また頭でっかちで足が地に着かない危うさをはらんできたのは、こうした事情によるものと言ってよいでしょう。特に我が国の学校教育には、いつのまにかこうした歪みが深く深く巣くっていることを、関係者の誰もが気づくべきではないでしょうか。そして、意識世界内部の合理的整合性のみを重視する発想から脱却して、必ずしも十分には意識されない領域をも含む広大な世界をはらんだ全人的なあり方が、もっともっと考えられるべきではないでしょうか。

本来、日本で育まれてきた文化は、こうした底の浅さを最も嫌ったはずです。

いずれにせよ、われわれが考え判断する土台としての実感・納得・本音の世界をどう培っていくか、深く配慮すべきでしょう。またこれと同時に、特に子どもの場合、当人の意向や感情をそのままの形で是認することをやめ、その子が自分の中に蠢《うごめ》く不定形の強い力に気づき、それを自分の力で統制していけるよう、指導し支援していくことを考えなくてはならないでしょう。感性を基本的に重視しつつ、悟性および理性と感性の連携を深めていく基本課題として、この二方向の取り組みは不可欠と言ってよいのではないでしょうか。

3 「直接体験」の回復を

こうした基本課題を追求していくうえで忘れてはならないのは、現代社会で生活しているわれわれが、まさに情報化社会にいるという点です。テレビや新聞、雑誌などのマスコミ情報がわれわれの日常生活に浸透し、またコンピュータシステムが発達して、携帯電話に代表されるパーソナルな情報端末が普及し、多種多様な大量の情報が個々人に対して時々刻々供給されるという状況にあるということです。

こうした情報化社会の中では直接的な体験が希薄となり、誰かが既にきちんと整理して提供してくれた情報を鵜呑《うの》みにしてしまいがちになります。

しかもこうした情報は、多くの場合二値的なものであり、マスコミで言えば善玉か悪玉か、コンピュータで言えば1か0か、といった性格のものでしかありません。多面的なもの、あいまいなもの、玉虫色のもの、割り切りにくいものは、回避され無視されるか、無理にでも〈善・悪〉〈優・劣〉〈良・不良〉といった二値的カテゴリーに振り分けられてしまいがちなのです。

こうした事情があるからこそ、今の子ども達に、何よりもまず、カテゴリー化される前の多様な「生の」現実に、直接的な形でふれさせたいのです。安易に概念や言葉をもてあそぶことを避け、無条件にじっくりと味わってみるような体験をさせたいと思うのです。

それでなくとも現代社会では、子どもが育っていく中で「生の」現実との接触が少なくなっています。こうしたことを考えるなら、教育の中で、たとえば自然環境にじっくりとつけ込んでさまざまな体験をさせることの必要性も、大きくクローズアップされざるをえないでしょう。また、多様な人とのつき合いを大事にしつつ諍《いさか》いや喧嘩を含めた対人関係のさまざまな局面を体験させることも大切になるでしょう。さらには、自分の住んでいる地域や街のさまざまな動きに参加させ、大人の社会というものも体験させたい、ということになるのではないでしょうか。

もちろん、こうしたそれぞれの体験はやりっぱなしで済ますことなく、振り返りによって意識化し、自分の中での吟味検討を通じて経験化していくことが不可欠です。こうした「体験の経験化」によってはじめて、感性が悟性や理性の基盤となり、また理性が悟性や感性を導く、ということが実現していくことになるのです。

こうした基本認識の上に立って、自分の体験にもとづいて、自分なりの実感にもとづいて、自分で納得のいくところまで多面的に考える総合的な思考力を身につけるよう指導していきたいものです。そして、物事を単純に割り切って判断することなく、一つのことの長所・短所、メリット・デメリット、光の面・影の面のいずれにも目を配っての判断ができるように育っていってほしいものです。さらには、自分の体験や実感にもとづいて考えるなら一つの結論を出すことは困難、といった慎重な判断留保の態度を持つことができるような「あいまいさへの寛容さ（ambiguity tolerance）」が育ってくるならばしめたものではないでしょうか。

4　体験の経験化ということ

ここで、「体験の経験化」について、もう少し考えてみることにしましょう。

人は一個の有機体として、周囲の自然的社会的環境との間に不断の相互活動を行っています。その際、人は五感を通して、自分の身体の内外からの情報を絶え間なく受け取っています。簡単に言えば、これが体験するということです。

こうした体験は、当然のことながら、その大半は意識されないままの過程です。この体験のほんの一部が意識世界に上り、対象化概念化され、記憶として蓄積され、決定や行動を行う際にまた意識世界に上げられて吟味され参照されることになるわけです。こうした過程が「体験の経験化」ということであり、体験についての認識が何らかの形で成立して以降の過程の全体を「経験」という名で呼ぶことができます。この意味において、基本的に、体験は現在形で語られ、経験は過去形で語られることになるのです。

このように考えた場合、体験することが、その人に（主体としてのあり方に）どのような影響を持つのか、ということになります。この問題については、少なくとも次の三点から考えておかねばならないでしょう。

(1) 体験は、まず直接的に、その人の「感性」（五感それぞれの土台となり、関心の持ち方の基盤となり、考えや判断の内的準拠枠となる）を徐々に形成し、変容させていきます。

(2) 体験は、その経験化を通じて、また経験の振り返りと再吟味によって、その人のそれまでの物の見方や考え方を吟味検討する材料と枠組みを提供します。

(3) 特別の非日常的特異的な体験は、意識世界だけにとどまらず、深層世界にまでクサビとして打ち込まれ、後々にいたるまで大きな心理的影響を及ぼすことがあります。原体験と呼ばれているものの一部、またトラウマと呼ばれているものなどがそれです。

私自身が、体験に、「流れとしての体験」「イベントとしての体験」「楔《くさび》としての体験」の三種を区別してきたのも[*2]、こうした見方とかかわっています。

「流れとしての体験」とは、一人ひとりに時々刻々生起している生の（即自的な）体験そのものです。先に第一点目としてあげたように、こうした「流れとしての体験」がどのような内容のものであるかによって、その人の「感性」が、そして実感世界が、無意識のうちに不断に形成変容されていくことになります。雰囲気とか環境、生活習慣などが人間形成上大きな意義を持つと言われるのは、主としてこのためです。

「イベントとしての体験」とは、後になって一つのまとまったエピソードとして語られるような体験、言い換えるなら一つの「物語」としての経験化を引き起こすだろうと想定されるような体験です。「思い出」となる体験と言ってもいいでしょう。また「経験を蓄積していく」という言葉が示すような体験の多くはこれです。こうした体験のあり方は、主として先に第二点目にあげたところとかかわっています。

「楔としての体験」とは、大きな心理的衝撃をともなう体験です。これは何かその体験に関連したことが後に生じたり予想されたりするような場合、すぐに強い感情とともに思い起こされ、それによって心理的に大きく揺さぶられるような体験です。これは先に第三点目にあげたところとかかわっています。

こうした多様な体験が、その人のものの感じ方や考え方、そして判断の仕方を変えていくわけです。普通は誰にも気づかれないほど徐々に変化が生じているのですが、時には「変身」と形容したいほど突如に大きな変化として現れることもあります。

いずれにせよ、「体験の経験化」の過程の全体が意味するところは、人それぞれが自己に固有の世界を単独者として生きていくほかない、という基本的な個別性であり実存性です。私が〈我の世界〉という言葉を用いて繰り返し強調してきたところは[*3]、人それぞれの経験の持つこうした実存的特性と深くかかわっています。

5　言葉の裏づけとなる経験を

さて、こうした体験なり経験なりは、言葉とどのように関連しているのでしょうか。森有正は次のように述べます。[*4] 少し先で論じるべきところまで含んでしまっている文章ですが、まずこれを紹介しておくことにしましょう。

経験が名辞の定義を構成する……。これは経験という言葉の含蓄する意味の一部かもしれないが、またその本質的な部分であるに相違ない。このことを反省したとき、ぼくには言葉というものが限りない重みをもつものとして現われてくるようになった。言葉が重い、というのは、直接に言葉自体が重いというのではない。それが無数の定義によって荷われ、しかも一つ一つ言葉だからである。その上に、それは言葉はすでに存在し、人間の営みはその周りに集合し、それを無限のニュアンスの内に定義しながら、その一つ一つ言葉で命名されるという事態である。これは、また、伝統、或いは継承ということの深い意味をも解明することになるであろう。また進歩ということの深い意味もそれに関連して出て来るであろう。

私なりに体験と言葉の本質的な関連を述べてみますと、まず最初に、体験の気づきという原初的段階に注目しなければなりません。自分が体験していることを時に意識するわけですが、原初の段階では見えているだけ聞こえているだけです。何を見ているのか聞いているのかという分別さえもありません。西田幾多郎の言う[*5]「純粋経験」です。

例えば、色を見、音を聞く刹那《せつな》、未だ之が外物の作用であるとか、我が之を感じて居るとかいふような考のないのみならず、此色、此音は何であるといふ判断すら加わらない前をいふのである。それで純粋経験は直接経験と同一である。自己の意識状態を直下に経験した時、未だ主もなく客もない。知識と其対象とが全く合一して居る。

ここで「純粋経験」と呼ばれているところは、また、森有正の言う[*6]「感覚の処女性」のことでもあります。

自分がまず在ってそれが何かを感覚するのだ、という事態から抜け出さなくてはならない。充実した感覚こそ、自我というものが析出されてくる根源ではないだろうか。私は「経験」と「体験」との根本的区別は一応そこに在ると思わざるをえない。……感覚の処女性という表現によって、私は、ものとの、名辞、命題あるいは観念を介さない、直接の、接触を、意味する。その接触そのものの認知を私は経験と呼ぶのであって、感覚が経験の一部なのではない。もとより経験という名辞が使用される限り、それは反省されたもので在り、その意味で過去的なものである。しかしそれはその場合感覚そのものが経験の内実で在り、感覚が、そういう角度から、経験を定義しているのである。

このあたりのことについては私自身も論じたことがありますが[*7]、いずれにせよ、体験の流れの中でごく一部が「アッ何かが……」という未分化な形で意識され（「純粋経験」「感覚の処女性」）、そこから「花だ」「バラの花だ」「赤いバラの花だ」と述語的な認識が成立していき、そして主語が添えられて「私が赤いバラの花を見ている」といった形の整った主語述語的認識が整備されていくわけです。

この過程で「純粋経験」を表現するのに適切と思われる「言葉の選択と当て嵌《は》め」がなされるわけですが、これは、その人に固有の経験（我の世界）と社会の共有財産となっている言語体系（我々の世界）とのマッチングに他なりません。先に述べてきた「冷暖自知」が強調されてきたことからも明らかなように、経験の属人性ということから言って、これは実際には相当荒っぽい作業と言ってもいいでしょう。

しかしこれをともかくもやらないと、社会を構成する各人が自己の経験に根ざした言葉を用いてコミュニケーションを行う、ということが不可能になるのです。

多くの場合、そうした主語述語的認識と、関連する過去の感情や認識とが組み合わされて一つの「物語」としてまとめあげられることになります。そして、その「物語」に照らし合わせて眼前の問題をどう考えたらよいかが自問自答される、ということになっていきます。

この「物語」的な文脈に位置づける形での意味づけの過程もまた、言語体系に、さらにはその背後に潜む文化体系に依存することはあらためて言うまでもありません。

6　実感・納得・本音に根ざした言語の活用を

ところで、コミュニケーションの道具としての言葉には、自分の用いる言葉の背後に自分自身の経験が必ずしも存在していない、という場合も考えられます。外から与えられた定義（約束事）を鵜呑みにして用いているだけの「軽い言葉」を使っている時です。「優等生的な」大人や子どもが「人間なら本当は～でなくてはならないと思います」とか、「こういうことは～のように考えるべきだと思います」と簡単に言い切ってしまう場面によく出くわしますが、こうした理想主義的でキレイゴトの言辞は、まさに「軽い言葉」の独り歩きでしかありません。自分の使う言葉と自分自身の経験との間の対応関係にいささかも頓着しない、といった姿勢ができてしまっているのです。これは真に主体的であることに目覚めていない姿、と言っていいでしょう。

私がこれまで「自分自身の実感を基盤として自分なりの納得をめざし、自分の納得したところのみを自己の本音として大事にする」ということを繰り返し強調し、このことを自分自身に誠実であること、自分なりの主体性を持つこと、の必須の条件としてあげてきたのも、このことと深くかかわっています。[*8]

さらに言えば、「学びの共同体でなく学びの主体性こそが大切」と言ってきたのも、言葉や学びの経験的裏づけの重要性を強調したいからです。また、「他者とのコミュニケーションを考える前に自己とのコミュニケーションを」「他者との対話を重視する前に自己との対話を」と言ってきたのも、自分自身の経験を眼前の問題とのかかわりにおいて吟味検討するといった自己内対話によって、自己の思考や決断が自分自身の経験に根ざした着実なものとなることを強調したいからです。

「流れ」として、「イベント」として、「楔」としての豊かな体験の場の準備が必要ですが、それと同時に、一人ひとりの内面世界で、その人に固有の体験がどう経験化されていくか、その過程で共有の文化体系の具現化である言葉がどうかかわってくるか、という点から考えていかなければなりません。また、一人ひとりの言動や生き方が、その人の体験にもとづく実感と、それを基盤とした言葉を用いて概念化された経験にどこまで根ざしたものとなっていくか、という点からも考えられなくてはならないのです。

冷暖自知に根ざしながらも、それが自分自身の経験として結晶化し、他の人達とのコミュニケーションを支える要素として働くところまで行くには、なかなか大変な道筋が控えています。しかしそれによってはじめて「軽い言葉の氾濫」や「言葉だけの独り歩き」が阻止できるということであるならば、こうした道筋を大事にしていかなくてはならないでしょう。

＊1　道元『正法眼蔵』の「辨道話」など。
＊2　たとえば『生き方の人間教育を』金子書房（一九九三年）、「第五章　学校でどのような体験をさせるか」の参照を。
＊3　たとえば『意識としての自己』金子書房（一九九八年）、「V　〈私の世界〉と〈私たちの世界〉と」、『基礎・基本の人間教育を』金子書房（二〇〇一年）、「第一一章　人間として真に生きる力を育てる」などの参照を。
＊4　森有正『遙かなノートル・ダム』筑摩書房（一九六七年）所収「霧の朝」。

＊5　西田幾多郎『善の研究』弘道館（一九一一年）、「第一編第一章　純粋経験」。

＊6　森有正『木々は光を浴びて』筑摩書房（一九七二年）所収「木々は光を浴びて」。

＊7　『意識としての自己』金子書房（一九九八年）、「I　〈私〉とは何か」。

＊8　たとえば『内面性の人間教育を』金子書房（一九八九年）、「第二章　教育においてなぜ内面性なのか」と「第七章　体験の教育的意義」などを、また『真の個性教育とは』国土社（一九八七年）、「二　一人ひとりの個性の基礎づくり」などの参照を。

附章3　不審の花――「覚」ということ

1　お茶とは、ただ湯を沸かして飲むまでのこと

利休は、自分の〈お茶〉の奥義について、伝書とか秘伝の類を残しませんでした。自分の茶会について自分で記録することさえしていません。彼が最も大事にしていた茶道具こそ、利休的な〈お茶〉の世界の美意識を如実に物語るものであるはずなのに、しかも最も世間的価値の高い（高額の）ものであるのに、切腹直前に作成された遺言状には、その処置について一言もふれられていません。銀百匁の貸金の取り立てまで遺言しているのに、です。

利休の〈お茶〉の真髄は、どのような茶室を作り、どのような道具を選んで使い、どのような茶会を催したか、という具体の中にしかうかがえない、と言われます。

たとえば利休は、自分の茶室を〈不審菴〉と名づけてきました。この名は、ある一つの建物につけられたものではありません。堺の利休屋敷の茶室も、京都の大徳寺門前の茶室も、聚楽第に設けた自分

の茶室も、〈不審菴〉と呼ばれていたといいます。そして、利休の〈お茶〉を継ごうとした孫の宗旦《そうたん》も、自分の茶室に〈不審菴〉と名づけています。だから、茶室〈不審菴〉の具体的な作りは、それぞれ非常に異なっているのです。大きさにしても、大徳寺門前のものは四畳半、宗旦のものは一畳台目、表千家に伝わっているものは三畳台目です。

この〈不審菴〉という名は、利休の親しい友人であり、また禅修行の師匠であり、さらには〈お茶〉の弟子でもあった、大徳寺一一七世古渓宗陳《こけいそうちん》の言葉

不審花開今日春（不審の花開きて今日春なり）

にもとづくといいます。この言葉は、「つまびらかでない（確かではない）花が咲いた、まさに今日は春だ！」とでも訳したらよいのでしょうか。これはもちろん、春ののどかな情景を表現したものではありません。開悟の心境を直截《ちょくせつ》に表現したものでしょう。この時この場に花が開いている（一つの美が実現している）、その事実自体が大切なのであって、それが何の花だとか、色鮮やかだとか、形がおもしろいといった詮索は無用、ということでしょう。そして、この花が咲いたのは、まさに今日なのであって、昨日までの光景とはガラッと異なっている、ということなのでしょう。言い換えるなら、〈今・ここ〉での美の現前を、小理屈やしたり顔の解説抜きで、ただただ感じ取り味わう、ということではないでしょうか。

利休の〈お茶〉は、〈不審の花〉を主客が共に味わい合う、というものだったのではないでしょうか。

だから言葉化した口伝や伝書は不必要なのです。さらには、言葉化してしまえば、利休の〈お茶〉から〈不審の花〉が消失してしまう恐れがあったのです。

裏千家には、茶室〈今日庵〉が伝わっています。宗旦が〈不審菴〉を譲って隠居した後に建てたものといいます。この茶室の命名についてもさまざまな話が伝わっていますが、やはり古渓禅師の言葉の後半部分から取ったもの、つまり同じ精神を表現したものと考えるべきでしょう。

小理屈に堕してしまわない即自的な美しさを〈今・ここ〉に現前させる、というのが利休的な〈お茶〉であるとするなら、やはり大変なことと言わねばなりません。偉いお茶人から、〈お茶とは、ただ湯を沸かして飲むまでのこと〉と言われたとしても、私のような素人が、その言葉を文字通りに、そのまま受け取るわけにはいかないのです。

〈お茶〉の世界は、日常生活につながる卑近さ単純さを持つと同時に、非日常的な美の世界を特別な配慮の下に現出させる、といった面を持っています。これは、一つの「覚」の世界、その意味での深い宗教性につながるものではないでしょうか。

2　日本人は無宗教か

このように、日本の精神的な伝統では、〈お茶〉といった芸能的なものにまで深い宗教性がはらまれているという特徴があります。いや、〈お茶〉そのものが、少なくとも利休にとっては、一つの宗教だったと考えてよいと思われるのです。これはまた、『五輪書』に見られるように、宮本武蔵における〈剣の道〉の場合もそうでしょう。ただし、利休の場合も武蔵の場合も、一般的な意味での宗教ではなく、「覚」の宗教という意味のものではありますが。

現代日本人の多くは、特定の宗教教団に属することを好みません。だから社会調査をすると過半数が「無宗教」と答えることになります。何らかの「教団・宗派」に属していると答える人の場合でも、その多くが法事や葬式の時にお世話になる「家の宗教」がそうであるということであって、自分自身は何も「信仰・信心」を持っていない、と答えます。だから、単純にこうした結果から「日本人は無宗教」という結論を出す人が多いように思われます。

しかし、「無宗教」と口にしている人でも親族の葬式は仏教式か神道式かキリスト教式かで行うのが普通です。少なくとも「習俗」としての宗教は、現代日本人のほとんどが持っていると言ってよいと思います。また、虫や花にまで至る「生きとし生けるもの」を大事にしよう、「いのち」として尊重しよう、という気持ちも、現代日本人の多くは無条件に持っているのではないでしょうか。これは一つの「信」としての宗教のように思われます。さらに言えば、先に見たような利休の〈お茶〉の場合のように、「覚」の宗教を尊重する志向も、たとえ現代日本人であっても、色濃く持っているように思われるのです。

そもそも何らかの宗教とかかわりを持つという場合、そこに少なくとも三つのタイプがあると私は考えています。

第一のタイプは、何らかの宗教の「習俗」の中で生活するというものです。「習俗」としての宗教に生きる、と言えばいいのでしょうか。これは、仏教各派であるなら、一般にお彼岸に墓参りし、お坊さんに頼んで先祖の供養を年忌ごとに行い、死んだら戒名をもらって仏式で葬式を出し、……という生き方です。カトリック信徒であれば、洗礼を受けて教会のメンバーとなり、日曜日ごとにミサに参加し、信心業としての祈りをしたり聖歌を歌ったりし、死んだら教会で葬式をしてもらう、……という生き方になるでしょう。

そうした「習俗」を守っていく中で、和やかな心を得たり、自分自身を振り返る習慣を持ったり、新たに何らかの決心をしたりすることがあるでしょうし、また神仏に助力や保護を願ったりすることもあるでしょう。また、こうした「習俗」を共にしていくことによって、お互いその宗教・宗派の信徒なんだという仲間意識が培われ、一つの共同体としての交際をしていく、ということになります。これが信徒・信者として特定の宗教宗派に属している人の一般的なあり方と言っていいでしょうし、また多くの現代日本人の場合、特定の宗教宗派とのかかわりのないまま、そうした日本の伝統となっている宗教的「習俗」の中で生きている、という形になっているのではないでしょうか。

しかし、そうした「習俗」の段階から一歩を進め、その宗教宗派の教義とするところに対する信仰・信心に生きるべく生活する、というタイプの人があります。「信」としての宗教者とでも言うべき人達です。自分の宗教宗派の教義や信仰箇条について常に考え、研究し、それを自分自身の認識と信条に、さらには自分自身の行動原理にしていくよう努めるというあり方です。

そのためにはその宗教宗派の指導者のメッセージに対する研究を怠らず、また自分の接することのできる指導者からの具体的指導を仰ぎ、必要ならばそれを宗教的な行《ぎょう》へとつなげていく、ということになるでしょう。熱心な宗教者としての貴重な生き方、とでも言うべきでしょうか。しかし現代日本人の多くの場合には、特定の宗教宗派とのかかわりなしに、日本の伝統的な「信」のあり方を自分自身の精神的基盤としているようにも見受けられます。先にあげた「生きとし生けるもの」の持つ「いのち」の尊重、亡くなった父母をはじめとする祖先の方々への供養と祈り、何につけ神仏の御加護を祈る気持ちなど、無意識のうちに日本の伝統的な宗教的「信」に立脚しているからこそ、と考えることができるのではないでしょうか。

そして第三は、その宗教宗派の基本的メッセージを受け止めることによって、ものの感じ方や考え方が根本的に変わり、生き方が根底から新しいものになるというタイプです。「覚」としての宗教とでも言うべきものでしょうか。我が国の天才的宗教者の中では、道元や親鸞が、この典型と言えるでしょう。クリスチャンの場合であるなら、イエスが「悔い改め（メタノイア）」を呼びかけ、「幼子のごとくなれ」とか「野の花を見よ」などと具体的な形で人間変革の基本的あり方を指し示している、ということに着目する必要があると思います。[*1] 現代日本人の多くも、こうした「覚」の宗教ならよく理解できる、と考えるのではないでしょうか。

こうした「覚」の宗教者としての徹底したあり方は、残念ながら現代社会ではほとんど目にすることがないように思われます。しかし、そういう人がいるなら、私自身はこれこそ本物の宗教者であり、宗派や教派の違いを乗り越えた普遍的な意味での深い人間としてのあり方を示すものであると考えています。そしてこの場合の「覚」は、その基盤がたとえ仏教各派であったとしても、仏教世界を越え、キリスト教世界にも、イスラム世界にも、ヒンズー世界にも通底すると考えられます。普遍的でありながらも独自固有のその人自身の世界のあり方にかかわるものという意味で、これこそまさに、各自の〈我の世界〉を深め、それに依拠した生き方に導くもの、と言うべきではないでしょうか。

こうした三つの宗教的あり方は、当然のことながら、相互に関係しています。「習俗」から入って「信」に進む、というのは最も一般的な生き方でしょう。また一定の「信」を通じて黙想・連禱《れんとう》・断食・奉仕・苦行等々の行為に導かれ、何らかの形で非日常的な意識状態を体験することを通じて、ある種の覚醒に導かれることもあるでしょう。このようにして「覚」に進み、「信」と「覚」の間を往復しながら両者を共に深めていく、という生き方になる場合もあると考えられます。またこれとは逆に、「覚」の具現化として新たな「信」に導かれる、ということもあるでしょう。そして、ごく一部の人でしょうが、当初から「覚」の段階を目的としてめざし、その手段として「習俗」や「信」の伝統を活用する、という生き方も考えられないではありません。

3　親鸞における「信」から「覚」への転換

さて、日本における「覚」の宗教的伝統については、道元の流れ、あるいは白隠《はくいん》の流れをくむ禅の思想から考えてみるというアプローチもありますが、現代日本人の多くにとっては、親鸞の生涯と思想が大きな手がかりを与えてくれるのではないか、と私は考えています。

親鸞は「南無阿弥陀仏」と唱える念仏を中心とした信心を人々に勧めたわけですが、これは、絶対的な存在である「阿弥陀仏」に対して「南無＝おまかせします」と依り頼む、ということを意味しています。全人類の中で一人でも救われない人がいたなら、自分は仏にならないままでいい、という大きな願を立てた阿弥陀様に全面的に寄りすがり、自分の意志も利害も捨て去るわけです。この段階では「信」と言っていいでしょう。そしてこの「南無阿弥陀仏」を繰り返し繰り返し「ナムアミダブ、ナムアミダブ」と唱え続ける念仏を行うということは、まさに「習俗」としての宗教とも言えます。さらには、これを一つの「行」ととらえてもいいかもしれません。いずれにせよ、「ナムアミダブ」と何度も唱えていると心の状態が落ち着いてきますし、透き通ったものになります。

親鸞における「信」は、阿弥陀様の大きな誓願を信じ、それに信頼し、すべてをお任せするということでした。しかし親鸞はそこから一歩先へと進んでいくわけです。[*2]「ナムアミダブと唱えることで地獄に落ちたっていいじゃないか」という地点まで行くのです。親鸞の場合、「ナムアミダブと唱えることで自分が救われているのかどうかは自分でもよく分からない」とも言っていますし、「ナムアミダブと一回唱えようが何度も何度も唱えようが違いはない」とも言っています。これは「習俗」の段階を超えていますし、「信」の体系にも拘束されないあり方です。「信」の通りにやって、それが無意味であったとしても、それはそれでいいじゃないか、という徹底の中で、「信」を相対化しているのです。自分の意志で念仏を唱えているのではなく、自分の中で何ものかに催されて「阿弥陀様、あなたにすべてをおまかせします」という気持ちが沸き起こり、念仏を唱えるのだ、というのです。そして、そのことこそが極楽浄土なんだ、とも言っているのです。

死んでから行く極楽浄土とか天国という観念は、「信」の宗教では必須の重要性を持つのではないでしょうか。しかし親鸞は「死んでからどこへ行こうがいい、私が自分の力で自分の責任で生きているのではなくて、私において何か大きな存在が働いていて、その大きな存在が私に〃阿弥陀様あなたにすべておまかせします〃という気持ちを沸き起こしてくれたんだ、有り難い！」と言うわけです。そして、「このことに気づいた時点で、それがそのまま極楽浄土なんだ」と言うのです。これはまさに「覚」です。そういう脱自己中心的な心境、無我的ないし超我的な考え方や感じ方が、「覚」の特徴であり基本なのです。

4　現代日本社会でも「覚」を求めたい

現在の日本社会は、宗教について表面的には無関心です。「習俗」としての宗教は色濃く残っていますが、大多数の人は「覚」などということにまで本気で思いを致すことはないでしょう。

宗教に無関心を装う人の持つ危惧は、何よりもまず、宗教に深入りすると反理性的な非合理的世界に陥ってしまうのではないか、というものです。確かに「マインドコントロールされた」信徒が、理性を失い、合理的判断のできないまま、集団で反社会的な行為を行うといった例が時に報道されています。当然のことながら、こうした集団幻想に陥り、妄想的世界の中に閉じ込められてしまうようなものは、真の宗教ではありません。真の宗教は、「習俗」や「信」に違いがあろうとも、本来「覚」のためのもの、目覚めのためのものです。そして「覚」そのものは決して反理性的でも非合理的でもないからです。

もう一つ、宗教に深入りすると宗派性にがんじがらめにされ、いたずらに独善と対抗心が助長されるのではないか、という危惧があります。したがって宗教を持つ人が多くなれば、それだけ対立と抗争が社会にはびこるのではないか、という不安です。確かに「我が仏尊し」という気持ちから、他の宗教宗派を軽蔑し、敵視するようになる人もいないではありません。しかし、これもまた真に「覚」に向けた宗教性の深化が行われるなら、単なる杞憂に終わるはずです。

宗教は人類の智恵の結晶とも言うべき深さを持った精神文化です。こうした認識を現代日本人の多くが、特に若者達が持つようになることを心から願うものです。またこれと同時に、日本の各種の精神的伝統が、利休の〈お茶〉の場合に典型的に見られるように、「覚」をめざす宗教性をはらむものであった、ということも再認識したいと思います。日本の精神的伝統を復興することは、そのまま、根源的な生き方への覚醒につながる、という視点は極めて重要ではないでしょうか。

＊1　『新約聖書』の四つの福音書に記されているイエスの言葉を味わってみていただきたい。

＊2　『歎異抄』金子大栄校訂（岩波文庫）、岩波書店、一九三一年、を中心として。たとえば、「……念仏は、まことに浄土にむまるゝたねにてやはんべるらん、また地獄におつべき業《ごう》にてやはんべるらん、総じてもて存知《ぞんち》せざるなり。たとひ法然聖人にすかされまひらせて、念仏して地獄におちたりとも、さらに後悔すべからずさふらふ。そのゆへは、自《じ》余《よ》の行《ぎょう》をはげみて仏《ぶつ》になるべかりける身が、念仏をまうして地獄にもおちてさふらはゞこそ、すかされたてまつりてといふ後悔もさふらはめ、いずれの行もをよびがたき身なれば、とても地獄は一定《いちじょう》すみかぞかし。……」（第二章）など。

附章4　世間虚仮《せけんこけ》――〈我の世界〉を重視する

1　利休や織部の生き方

〈茶道〉を大成した千利休は、全国統一を達成した秀吉から突然の命令を受け、追放となります。それまで聚楽第の利休屋敷で、御茶頭として大名や公家から高い尊敬を受け、当代一の文化的権威を誇った利休が、突然没落したわけです。

命を受けた利休は、一言の弁明もせず、その日の夜には船で淀川を下って堺に向かいます。あれだけ普段から親しく交際していた人達も、また利休の高弟として自他共に認めていた人達も、秀吉の怒りを買ってはと、見舞いの手紙さえよこしません。そうした孤立無援の中で、古田織部と細川忠興だけが淀まで密かに見送りにきます。利休はその二人の姿を見て、細川忠興の老臣に宛てた書状の中で「驚き、忝《かたじけな》く思った」と述べています。それから半月、利休は従容として切腹の座につきます。

古田織部もまた、大坂夏の陣の直後、文字通り天下の権を握った家康から、大坂方への内通を疑われて切腹を命ぜられます。そして「申しひらきも見苦し」と一言の弁明もせずに従容として自決します。利休亡き後、新たに大名茶を大成し、織部焼をはじめとする新しい美を追究した大茶人です。秀吉に仕えて三万五千石を領し、嗣子に領国を譲って隠居した後は、家康から一万石を拝領した大名でもありました。徳川初期には世間から数寄者《すきもの》の随一と呼ばれ、駿府の家康の〈お茶〉の相手をし、江戸の将軍秀忠に〈お茶〉のお稽古をつけ、多くの大名が弟子として〈お茶〉の指導を受ける、といった中での突然の没落です。

利休にも織部にも共通しているのは、時に独裁的権力者の思惑を恐れないで、自分の感覚と信念を大胆に言葉や行動として表に出すことがあり、それが独裁的権力者の目からは〈思い上がり〉として不興を買うことがあった、ということでしょう。織部など、家康が豊臣家に難癖をつけて大坂冬の陣を起こした際の方広寺鐘銘事件（亡き秀吉の供養のために立てられた方広寺の鐘の銘に「君臣豊楽」「国家安康」の文字があるのは徳川家を呪うものだ、として糾問した事件）の折には、この鐘銘を草した科《とが》で謹慎蟄居を命じられた清韓《せいかん》禅師をわざわざ招いてお茶会を催しているほどです。まさに〈お上を恐れぬ〉ふるまいと言うべきでしょう。

こうした大茶匠のあり方を見る時、どうしても思い起こされるのが、聖徳太子の晩年の言葉として伝えられる〈世間虚仮、唯仏是真〉です。[*1] この言葉は、「世の中の現象的なことは仮のもの（エピソード的なもの〉、仏の道のみが本当の真実」といったことを意味するものでしょう。利休も織部も世の中に広く知られ、上からも下からも尊敬されて権勢を振るったにもかかわらず、そうした世の中での自分のポジションをどこか仮のものとして醒めた目で見ていたのではないか、と思われてならないのです。

利休にとっても織部にとっても、結局は〈お茶〉の道だけが、お茶会という出会いの空間の創出とそこでの美の追究だけが、譲ることのできない真実の世界となっていたのではないか、と思われてなりません。もしもそうであるなら、利休や織部の教えてくれた〈お茶〉の道は、〈世間虚仮、唯茶是真〉ということになるでしょう。四六時中〈お茶〉のことしか考ええなくなるのが本当の〈茶道〉である、と言われることのあるのは、ひょっとすると、そういうことを指し示しているのでしょうか。

2　〈我々の世界〉に生きること、〈我の世界〉に生きること

生き方ということで一番大きな意味を持つのは、「世間」の評価・評判を基準に生きるか、「自分の内面世界」の充実・満足を基準に生きるか、ではないでしょうか。つまり、外的社会的な視点に立って「〈我々の世界〉に生きる」のか、内的精神的視点に立って「〈我の世界〉に生きる」のか、という選択のように思われてならないのです。[*2]

多くの場合、私達は自分自身を社会の中での位置づけや働きの点から考えます。そして自己が社会的に十分認められるだけの現実的な有効性を身につけるよう努力し、そうした能力を用いて外的な現実状況に有効に対処していくことに努め、その結果として社会的な地位と名誉を手に入れようとします。

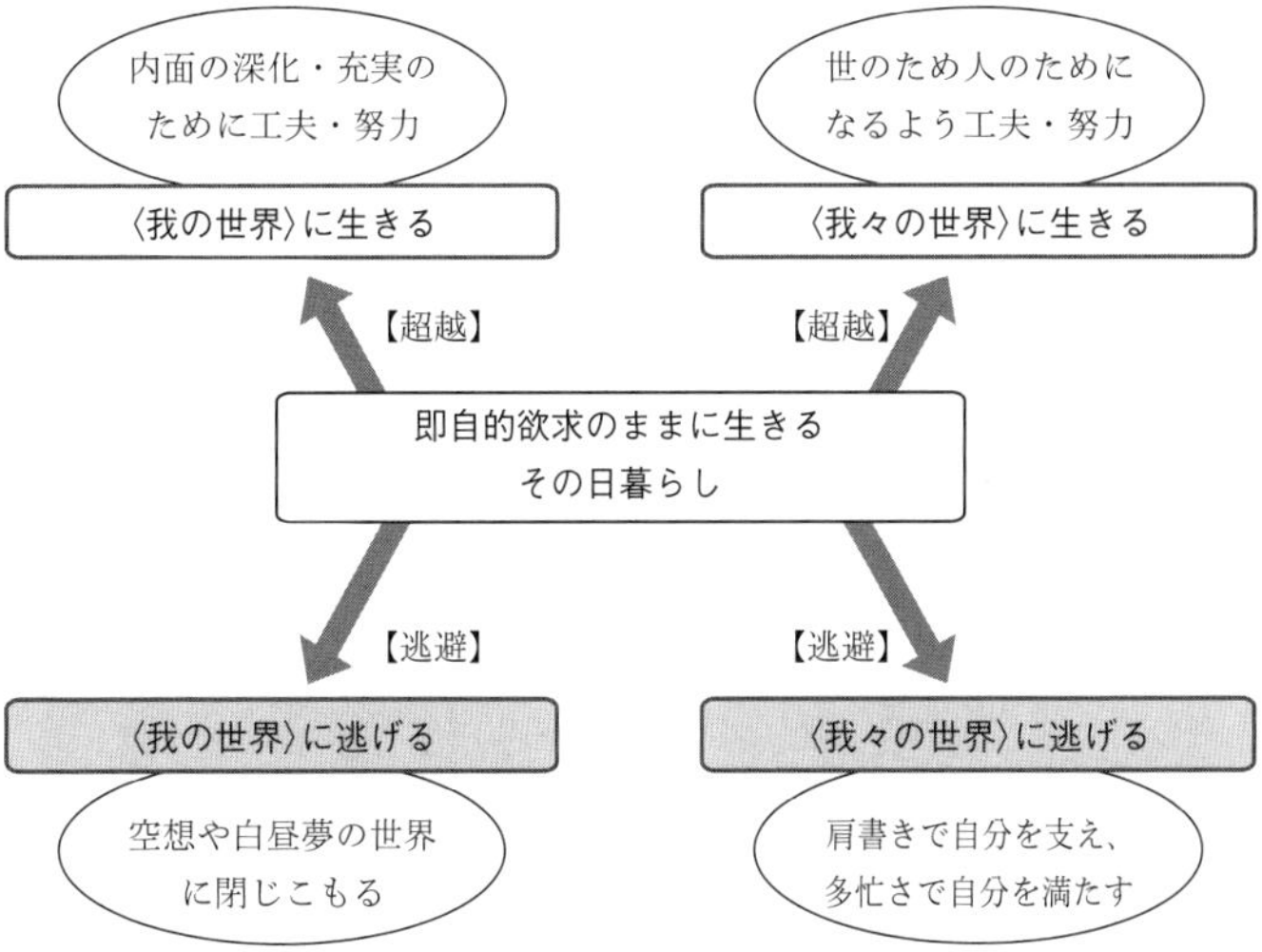

図附 4-1　〈我の世界〉を生きることと〈我々の世界〉を生きることと

しかし時に、人によっては、一人の人間としての自分自身の充実、満足に心を奪われ、時々刻々の高揚感を求め、そうした充実や満足、高揚を可能にする機会と条件を自分の周囲に準備することに意を用いようとするのです。

〈我々の世界〉に生きようとする生き方の典型は、政治家や実業家、高級官僚、など有能な社会的エリートです。そして、〈我の世界〉に生きようとする生き方の典型は、自分自身の道に深く分け入った本物の芸術家や宗教家、学者などでしょう。

もちろん通常の人の現実としては、社会的エリートも本物の自由人のいずれも、容易に手の届かない高嶺の花かもしれません。しかし、こうした二つの生き方のどちらを基本とし原則として生きていくのか、ということは、誰にとっても決して無縁な問題ではないはずです。

世の中で生きていくための力にしても、自分自身の内面的な喜びや充実感にしても、その双方が共に、ある程度まで我々にとって必要不可欠です。そのいずれをも大切にしなくては現実に生きていけないわけですが、そのいずれを基本とし原則とするかという選択は我々の生き方の本質にかかわる重大なもの、と言ってよいでしょう。

「〈我々の世界〉に生きる」ことは、外面的で世俗的な世界を重視する生き方であり、世の中でバリバリ仕事をし、大きな影響力を持ち、広く尊敬され、……といった方向をめざす道です。これに対して「〈我の世界〉に生きる」ことは、内面的で精神的な世界を重視する生き方であり、世の中の動きからは距離を置き、与えられた自らの生命の意義の自覚を深め、自分自身の充実した世界を作り、……といった方向をめざす道です。

この二つの道のいずれかに自覚的に歩み出すことは必ずしも容易なことではありません。しかし、そのいずれの場合であっても、大前提として、日常生活への埋没からの目覚めがなくてはなりません。そして、与えられた自分自身の人生に対して自分なりに責任を取っていく、という自覚と決意を土台に前進を始めようとしなくてはならないでしょう。ところが、前進する代わりに、自分自身を空想や白昼夢の中でごまかしたり、多忙さの中でごまかしたりして、自覚的に生きるということ自体から逃げようとすることも少なくありません（図附4－1参照）。

この二つの道のいずれを進もうとする場合であっても、即自的な欲求のままその日暮らし的に生きていく生活からの脱出を願うことになります。しかも内的・外的なごまかしによって逃避するという道に

表附 4-1　世俗的生き方と内面的生き方の対比

	「我々の世界」に生きる	「我の世界」に生きる
基本的な指向性	社会的位置・役割（職業・資格・地位・収入・名誉・財産）の獲得をめざし，その活用による充実感を得ようとする	自分自身の固有の生を自覚し，自分の世界を深め，表現し，味わおうとする
基本的な自己観	我々の中での我 社会や組織などの中での私の位置 明日の私・昨日の私へのこだわり 位置づけのアイデンティティ	自分ぎりの自分 私自身にとっての私の姿 〈今・ここ〉の私へのこだわり 宣言としてのアイデンティティ
価値観の特徴	面子・名誉の尊重 現実的な有効性・適切性の尊重	プライバシーの尊重 内面的な意味感・充実感の尊重
中国古典思想	孔子・儒教	老子・荘子
聖書の思想	旧約的／石に書かれた律法 シーザーのもの	新約的／肉に書かれた律法 神のもの
教育に期待されるもの	世俗的な・対応能力 知識・技能・マナー・判断力 現実の問題を的確に受け止め，適切に処理する姿勢と能力	耕され深められた内面世界 感性・理性・価値観・洞察力 自分自身の内面に依存して表現，発言，行動する姿勢と能力

一面的発達
俗物的な政治家、実業家、御用学者など

相互的相即的発達
創造的で活力のある社会人

一面的発達
アウトサイダー的な芸術家、宗教家など

落ち込むことなく、自分なりの「よりましな人生」を求め、自覚的かつ意志的に研鑽努力する、という努力をすることになるのです（表附4－1参照）。

3 「外的な正しさ・有効性」を求めるか、「内的な喜び・充実感」を求めるか

ところで、逃避に陥ることなく積極的な方向へと人生の歩みを進めていこうとするとしても、世俗的な道と内面的な道のいずれを歩もうとするかで、当然のことながら、毎日の生活の中で工夫し努力すべき焦点や目標も、あるいは自分自身の生涯を巨視的に考える際の人間的成長のイメージも、大きく異なってくることになります。

外面的で世俗的な生き方を重視するならば、さまざまな知識や能力を身につけ、外的な対応の正しさに留意し、きちんとした行動がとれ、その結果として「世のため人のためになる」ような実績をあげる、という方向が大事にされることになるでしょう。儒教において言われてきた「修身斉家治国平天下」という考え方など、この方向での成長をイメージしたものとして典型的と言えるのではないでしょうか。自己一身の修養に努め、自分の家庭をきちんと整え、そうした土台の上に立って社会を平和に保つ努力をする、といった理想です。

これは儒教的世界においては、支配的社会階層の男性にのみ期待される理想像という狭さを持っていました。しかしながら、この発想自体は、きちんとした外的対応の能力を身につけることこそ人間的な成長である、とする考え方の良い例と言えるでしょう。

身を修めるということは、仁・義・礼・智といった徳を身につけるべく努力することです。そして、そうした徳が、人との対応の中で、あるいは社会生活の中で、きちんと発揮されるようになることです。親に対しては孝行、目上の人に対しては忠実、友人に対しては信義といった行動様式が取れるようになることです。これこそ孔子的儒教的な生き方のめざすものと言ってよいのではないでしょうか。これはキリスト教的に言うと、律法の規定を守ることを最重要視する旧約的な（モーゼ教的な）生き方ということになります。こうした発想はまた日常的な規範をきちんと守っていくことこそが、その人の人間としての完成をもたらすという考え方や、「形から入って精神へ」という発想にもつながっていくものと言ってよいでしょう。

これに対して、内面的で精神的な生き方を重視するならば、何よりもまず内面的な充実と躍動を求めることが大事にされざるをえません。こちらの方は、むしろ老荘の教えに対応するものと言ってもいいのではないでしょうか。こうした発想は、人から後ろ指を指されたってかまわない、人からの評価より自分自身の内面が充実するかどうかの方がずっと重要だ、という考え方ともなるでしょう。このように、世間的な約束事とは区別された形で内面のあり方を重視するといった発想は、キリスト教的に言えば新約的な（イエス教的な）生き方ということになります。

たとえば、聖書の中にはこういう話が記されています。[*3] 非常に厳しく律法的生活様式を守っていたパリサイ人が、自分はこんなにきちんとした生活をしている、一週に二度も断食している、自分の所得の十分の一を神殿に捧げている、不正はしていない、姦通もしていない……と誇らしげに言ったといいます。しかしイエスによれば、新約的な考え方としては、それは必ずしも満足すべき生き方ではない、とされるのです。そして、むしろ貢《みつぎ》取りであっても（当時のユダヤ人にとっては税金を取り立てる人は悪人の代名詞だったのですが）、内面の気持ちが謙遜で愛に満ちているものであるならば、その方がずっと立派なんだとされるのです。

もちろん「〈我の世界〉に生きる」ということは、傍若無人な生き方をすることではありません。自分自身の内部に生きる原理を持つということです。自分自身を徹底的に信頼し、自分自身に対して誠実であるということです。自分の内面の実感・納得・本音に依拠しつつ、自分の内面にもたらされる促しを大事にしながら、自分に与えられた「時」に向かって、黙々と歩を運んでいくことです。そしてその間、必ずしも自分の思い通りにいくわけでない「外の世界」と忍耐強くつき合っていくことでもありますす。こうした姿勢で生きていくことこそが、そして外的な世界、社会的な「約束事の」世界に惑わされないことこそが、「内的な世界に生きる」ことの具体的な姿でしょう。この意味では、聖徳太子が説かれたという「世間虚仮、唯仏是真」など、内的な生き方の典型的あり方を示すものと言ってよいのではないでしょうか。

4　人生にどのような意味を与えるか

あらためて言うまでもなく、現代社会においては、物質的な豊かさと生活上の安楽は非常に高度なものとなっています。しかしそれにもかかわらず、多くの人が「空しさ」とか「不安」に代表される実存的空虚感を抱いています。さまざまな形の神経症が、そして仮面うつ病が、さらには燃えつき（バーンアウト）症候群と呼ばれる状態が、欧米でも日本でも社会人に蔓延しているという現実もまた、こうした傾向の延長線上にあるものでしょう。

精神科医や臨床心理学者が繁盛するのは、社会そのもののあり方として決して喜ぶべきことではありません。こうした状況となっていることの基盤には、世俗化と個人主義の進展によって現代の多くの人が、その内面世界に「心豊かに生きる」ための原理と土台を欠いたまま生きていかざるをえない、という事情があるのではないでしょうか。

こうした実存的空虚から脱却するためには、さまざまな具体的方法があるでしょう。そうした方法を伝授してくれるセミナーやワークショップも大はやりです。また新興の宗教団体の中にも、「この道でこそあなたの空しさや不安は払拭される」といった勧誘の手を大々的に差し延べているところもあります。

しかしながら、どのような具体的方法によって実存的空虚を脱却していくにしても、何よりもまず、肩書き・財産・名誉に代表される「〈我々の世界〉に生きる」だけの発想を転換する必要があるのではないでしょうか。そして「〈我の世界〉に生きる」ことを十分に工夫し、内面世界における充実感を実現し味わうことを優先する姿勢を確立することが必要とされるのではないでしょうか。

孔子の思想から老子・荘子の思想への転換。旧約（モーゼ教）の思想から新約（イエス教）の思想への転換。これは必ずしも容易なことではありません。われわれは世俗の中で生き、世俗の価値を追求することに慣れ親しみ、それを自明の前提としているのです。個人としての充実した生き方などと言っても、世間的な肩書きや財産、収入等々と無関係な発想は必ずしも容易ではありません。だからこそ、逆に、精神的で内面的な生き方への憧れが繰り返し繰り返し語られてきたのだ、と言ってもよいのです。

もちろん、望ましくは、内面の精神的な充実を得るための修養と世間的な価値を身につけるための世俗的な努力との双方が、共に重んじられるべきです。現実にこれら双方を総合するような考え方も、これまでしばしば語られています。「まず身を修めることから始めないと、内面的充実は得られない」という言い方もありますし、また「内面的充実ということを本当に追求していけば、おのずから立ち居ふるまいも則にかなってくるようになるはずだ」という言い方もあります。

世俗に生きる道と内面の充実を追求する道とはどこかで一致するかもしれませんし、またこれら二つの道が総合されるような生き方を探し求めることこそ現実には重要な課題となるのかもしれません。しかしながら、自分自身の究極的な目標としてどちらをより重視し基盤とするかということは、やはり必須の重要性を持つ問題ではないでしょうか。世の中の決まりを重視して、その中で自分自身を誰からも後ろ指を指されない存在に、さらには誰からも有能ですぐれた人だと言われるような存在に仕立て上げていくことを考えるべきなのでしょうか。それとも、自分自身の内面的な生活が充実したものとなるよう、どういう活動でどのような体験を、どういう場でどのような出会いを、どういう内省・瞑想でどのような意識状態を実現させていけばよいのか、という工夫をすべきなのでしょうか。

繰り返すようですが、このいずれを取るかは、自分自身の人生に基本的にどのような意味を与えるか、という点において最も重大な選択ではないかと思われてなりません。もちろん、こうした基本的選択の決断を、一〇代の間に、あるいは二〇代の間に、はっきりとした形で為さなくてはならない、などと言っているのではないのです。多分、それは不可能なことでしょう。この選択は、その人の人生の全体を懸けたもの、その意味で死ぬまでの間に繰り返し繰り返し為されざるをえないもの、なのではないでしょうか。

5 「生き方」に「うまい」も「へた」もない

「うまい生き方」とか「へたな生き方」ということが言われることがあります。確かに外から見たら、そうも言いたくなるような生き方がないではありません。いつもうまく立ち回って、日の当たるところばかり歩いているように見える人がいる反面、いつも損な役回りばかり演じているように見える人がいるのも事実です。しかし、外部から他の人の生き方をあれこれ言ってみても、本当はしかたないではないでしょうか。それは、結局のところ、第三者の無責任な印象批評のようなものにすぎないのです。

「あなたはうまい生き方をしている」とか「あなたはへたな生き方をしている」と言われたって、自分なりの責任で生きようとしている人であるなら、「ほっといてくれ！」ということになるでしょう。逆に、そういう外部からの見方や評価に影響されて自分の生き方がくるくる変わってしまうようなことがあるなら、「自分の責任で生きる」こととは無縁、ということになるのではないでしょうか。

本人にとって一番大切なのは、自分が「本当に生きている」という実感が持てるかどうかでしょう。もっと言えば、自分に与えられた人生を「セ・マ・ヴィ（これが私の人生なんだ）！」として引き受け、受け入れていけるかどうかでしょう。いずれにせよ、他人の目に自分の生き方がどう映るかということより、自分の目にそれがどう映るかということこそが重要なのです。逆に言えば、自分自身に対してそういう意識を持っていないということは、自分が生きているということに対して十分な当事者意識を持っていないということなのです。自分が生きているということに対して自分で責任を取っていこうと思うならば、「うまい生き方」だの「へたな生き方」だの考えるような気には、とてもなれないのではないでしょうか。

吉田松陰の辞世の歌として伝えられているものに、こういうのがあります。

かくすればかくなるものと知りながら　やむにやまれぬ大和魂

こんなことをすればこんな結果となるのは百も承知、しかし自分の内部からこみ上げてくるものがあったからこうしたんだ、自分にはいささかの後悔もない、といった趣旨の歌です。

二九歳という若さで処刑された、そういう意味で考えると「へたな生き方」をしたようにも見える松陰が、最後に開き直って「だからどうだって言うんだ！」とタンカを切っているような歌です。「自分が生きる」という当事者意識さえあれば、これは当然の姿勢でしょう。

結局は、松陰が残した「やむにやまれぬ大和魂」といった内的必然性を自分の中に意識しているかどうか、ということなのです。自分の言動を支える必然性の意識が自分自身の内部に欠けている人だけが、自分自身の生きていく軌跡に対して、まるで他人事のように「うまい」とか「へた」とかいう形容語をつけた振り返りをしてしまうのではないでしょうか。

それ以外の形では生きられなかった自分自身の人生に対して、本当は、距離を置いた評価の目を向けるのでなく、肯定的で受容的な愛着の目を向けたいものです。それが可能になるためには、自分自身の言動を貫いている内的必然性をよく意識し、それを大切にするように努め、機会をとらえてそれを生かしていくよう努力していく必要があるのではないでしょうか。

6　自分の責任で自分の人生を生きるしかない

ところで、人は何時、自分自身を動かしていく内的必然性に目覚め、自分の人生を自分自身の責任の下に生きていくことが可能になるのでしょうか。結論的に言えば、そうした「目覚め」には、年齢的な意味での一般的時期はありません。六〇歳になっても「自分はへたな生き方をしてきたのではないか」とウジウジしている人もいるでしょうし、二五歳の青年でも「へたな生き方とかうまい生き方とか私には関係ない、これが自分の選んだ自分なりの生き方なんだ！　私にはこれしかできないのだから、これでいいじゃないか！」と頭を傲然と上げ続けている人もいるかもしれないのです。

もちろん誰にとっても、自分の生き方を当事者意識を持って見るようになる転機が、可能性としては存在するでしょう。人のうわさや評判、世間体や体面が、自分の生き方や人生のあり方に基本的基盤的な面では影響しなくなるような方向への転機です。その機縁としては、逆境に陥ったり、大病したり、心の病になったりといった場合が多いのではないでしょうか。自分自身と世間とか世界との間に違和感なり亀裂なりを感じざるをえない状況に置かれた場合です。どうしても〈我々の世界〉から〈我の世界〉が析出してこざるをえないような状況です。

こうした危機的状況を経験しないですむ人は、幸せな人と言うこともできるかもしれません。世間という〈我々の世界〉の中で、「うまい生き方」だとか「へたな生き方」ということにこだわって、悩んだり考えたりしていけばいいでしょう。自分の人生まで他人事のように考えられるのは一種の余裕と言い得るかもしれませんし、酔生夢死もまた立派な人生と言って悪い理由はないからです。

もちろん、「世間の目」といった外的な視点は、決して軽視されてよいものではありません。われわれは本質的にムレの一員としてしか生きていけない存在だからです。しかし同時に、われわれは一人っきりで生まれ、自分だけに開示された世界を自分だけの判断で生き、一人っきりで死んでいく存在です。

とことんのところは、自分が自分自身に対してどのように思い、どのように考えるかでしかありません。内的視点が基盤になければ「自分の人生」になりようがないのです。この意味で、〈我の世界〉でどう生きるかということを土台に据えつつ、〈我々の世界〉での生き方に工夫を凝らす、といった方向こそが望ましいのではないでしょうか。自分自身の人生に対する当事者意識を持つということは、こうした形でしか現実には実現できないのではないか、と思われてならないのです。

兼好法師は『徒然草』（第三十八段）で次のように述べています。[*4] 前にも（第Ⅳ巻）紹介したところですが、多忙な日常生活を余儀なくされている人も、時にはこうした見方を自分自身に突きつけてみてはどうでしょう。言い古されてきたことかもしれませんが、われわれが自分自身の人生の当事者としての軌道を踏みはずさないためにも、こうした観点からの振り返りが時には必要ではないでしょうか。

——名利に使はれて、閑《しづ》かなる暇《いとま》なく、一生を苦しむるこそ、愚《おろか》なれ。

（名誉や利益への欲に追い使われて心静かな時を持つこともできず、苦労するだけの一生を送るのは、まことに愚かなことでしょう。）

——財多ければ身を守るにまどし。害をかひ、累を招く媒《なかだち》なり。身の後《のち》には金をして北斗をさゝふとも、人のためにぞわづらはるべき。愚かなる人の目をよろこばしむる楽しみ、またあぢきなし。……

（財産が多いと自分の身を守ることも難しくなります。財産は面倒なことの起こるきっかけになるのです。死んだ後で金を高く積んで北斗七星を支えるようなことがあるとしても、関係者にとっては煩わしいことでしょう。愚かな人の目を楽しませるだけの楽しみなんて、また興ざめなものです。……）

——位高く、やん事なきをしも、すぐれたる人とやはいふべき。愚かにつたなき人も、家に生れ時にあへば、高（き）位に登り、奢《おごり》を極むるもあり。いみじかりし賢人・聖人、みづから賤《いやし》き位にをり、時にあはずしてやみぬる、また多し。偏《ひとへ》に高き官《つかさ》・位を望むも、次に愚かなり。……

（身分が高く尊い人を優れた人と言うべきでしょうか。愚かで駄目な人でも名家に生まれたりチャンスに恵まれたりすれば、高い位についてぜいたくのかぎりをつくすこともあります。逆にすごく賢い人や徳の高い人であっても低い位にとどまっていたり、チャンスに恵まれないでひっそくしていたりすることも多くあります。高い地位に就こうと懸命になるのも、また愚かなことではないでしょうか。……）

——まことの人は、智もなく、徳もなく、功もなく、名もなし、誰か知り、誰か伝へん。これ、徳を隠し、愚を守るにはあらず。本より賢愚・得失の境にをらざればなり……。

（本当にできた人にとっては知識も徳も功績も名声も無関係です。だからそうした人のことは人々に知られたり伝えられたりすることもありません。これは自分の徳を隠したり自分の愚かさを外に示したりするからではないのです。もともと賢いとか愚かだとか得だとか損だとかいうこだわりのない境地にいるからです。……）

——万事は皆非なり。言ふにたらず、願ふにたらず。

（世の中のあらゆることは詰まらぬことです。ことさらに口にするほどのことでもなく、願うほどのことでもありません。）

＊1　「上宮聖徳法王帝説」『聖徳太子集（日本思想大系）』岩波書店（一九七五年）では「世間《よのなか》は虚《いつは》り仮《か》りにして、唯仏《ただほとけ》のみ是真《これまこと》ぞ」と詠んでいる。

＊2　梶田叡一『自己を生きるという意識』金子書房（二〇〇八年）で〈我の世界〉を生きることと〈我々の世界〉を生きることとについて、少し詳しく論じている。

＊3　「ルカによる福音書」一八章、九～一四節。

＊4　『徒然草』第三十八段。ここでの引用は、『方丈記　徒然草（日本古典文學大系三〇）』岩波書店（一九五七年）による。カッコ内は筆者の意訳。

附章5　慎みにもとづく和を——日本の精神的伝統の再認識

1　和魂人類才を求めて

日本の社会は、長い年月の中で、外国とのつき合いを濃密にせざるをえない時期がありました。倭の五王の時代には、強大な中国と冊封体制にあったわけですが、聖徳太子の時代には対等な関係をめざしました。「日出づる処の天子、書を日没する処の天子に致す。恙無《つつがな》きや」です。しかし室町時代の足利義満の時代には明との間で、再び冊封関係となります。さらには一五四九年にザビエルが来てからは、強大な西欧とのつき合いが始まります。これが江戸時代の徳川秀忠の時ぐらいから鎖国となってしまいます。幕末・明治になると、また強大な欧米とかかわりを持たざるをえませんでした。すごい勢いで産業を興したり、軍事を増強したりしましたが、そのモデルは欧米です。産業においても軍事においても抜本的に増強しなければ、強大な欧米の植民地や保護国になってしまうわけです。だから必死になって欧米のものを取り入れました。こうした努力によってアジアで独立を保てたのはタイと日本だけでした。

こうした強大な外国との関係の中で、時代によっては「これでよいのか」という反省の声が強く出てきました。たとえば、江戸時代であれば、気がつけば、中国から来たものだけが学問と呼ばれていたわけです。朱子学です。確かに、それは必要でした。東アジアで普遍的な学問は孔孟の学でしたから。しかし、本居宣長は「おかしいじゃないか、日本にも『古事記』などいろいろと大事な古典がある」と主張したのです。その時、多くの知識人が言い出したことが、和魂漢才という言葉です。つまり、中国から何を取り入れてもいい、しかし、それを使いこなすのは、日本の精神、和魂がなければ駄目なんだと。明治になってからは、これが和魂洋才となりました。欧米から大事なものは学ばなければいけない。そうしなければ、産業も軍事も負け、とても貧しく弱い国になり、結局は植民地か保護国になってしまう。しかし、「才」を使いこなす主体としての精神には、先人から伝えられてきた大事なものがなくてはならない、というのが和魂洋才です。いずれにしても和魂という日本の伝統的精神を土台にして、ということだったわけです。

ところが一九四五年を境にして、日本社会は、その和魂を見失ってしまったような状態になりました。日本は戦争に負け、六年あまり主権を失って独立国でなくなりました。そして戦勝国欧米へのあこがれと迎合で、脚下照顧を忘れてしまったのです。この重大性は、今の若い人にはほとんど分かっていないのではないかと思います。一九四五年の敗戦で、日本社会が長い間、苦労して積み重ねてきたものを、全部棚上げにしてしまったのです。

今でも、私は鮮明に覚えていますが、敗戦から一、二年は食べるものが本当にありませんでした。その時に、学校で給食が始まりました。アメリカでは牛や豚に与える脱脂粉乳を日本に持ってきて給食で子ども達の栄養補給に使ったわけです。そのような中で、学校で先生の口から出たのは、「日本人は頭が悪くて、長生きできない。エネルギーも出ない。だから戦争にも負けた。それは食べ物が悪い。ご飯と味噌汁と魚では、やはり駄目。これからは、パンとミルクと肉でなければいけない」という言葉です。こうして、それまでの日本の食生活の良さを顧みないで、全部捨てようとしたわけです。今では日本食はどれほど優れているかが言われ、欧米の大都市には和食ファンの人達が大勢いるほどですが……。

また今では武道が高く評価されていますが、私が高校に入る時までは、軍国主義につながるからとして、体育で柔道や剣道をやってはいけない、という禁令が出されていました。私が高校に入った時、担任の体育の先生が、今年から柔道がやれる、と嬉しそうに話され、私も柔道着を着て体育の時間にやったのを懐かしく思い出します。さらに言いますと、私が小学生、中学生の時には、音楽の授業で日本の歌はほとんどやっていませんし、和楽器もやっていません。それから、当時の岩波少年文庫や子ども向けの本も、ヨーロッパやアメリカの本の翻訳ばかりで、日本の昔話などは、子どもの目にほとんどふれることはありませんでした。私もギリシャ神話やローマ神話のことは早くから知っていましたが、『古事記』や『日本書紀』については大学に入ってから、自分で本を探して少しずつ学んではじめて知ったようなわけです。

そのような中で、それではだめだという反省の声も起こってきました。良いもの優れたものは世界中から取り入れたらいいのですが、それを生かす主体の側はちゃんとしているのか、ということです。学ぶにしてもさまざまなことがらについての知識、理解が必要ですし、また思考力、表現力、判断力や問題解決力も必要です。しかし、それを活かす主体そのものがきちんとできているかどうか、常に問い直してみなくてはなりません。主体そのもの、まさに精神です。私達は、主体そのものの育ちを重視する教育ということで、「人間教育」という言葉を使ってきました。金子書房から、『教育フォーラム』という雑誌形式の単行本を、人間教育研究協議会編ということで年に二回出しており、現在は六六号まで発刊しています。ここで一貫して言ってきたのは、主体そのものをどう育てるか、ということです。

今、われわれが考えなければいけないのは、和魂漢才でもなく和魂洋才でもなく、和魂人類才です。もう一歩言えば、自魂人類才です。いずれにせよ、もう洋才ではありません。たとえばＩＴなどは、いつの間にか中国がすごく発展しました。台湾のＩＴ製品もすごいと言われています。必ずしも欧米だけでなく、各地で科学技術の花が咲いているのです。江戸時代は和魂漢才で、明治からはずっと和魂洋才できましたが、これからは和魂人類才でなければなりません。アジア、アフリカ、ラテンアメリカまで含めて、いいものは全部取り入れていくべきなのです。だからこそ「才」を使いこなす主体の「魂」をどのように育てるかが重要な課題となるわけです。私達日本人から言えば、「和魂」を通じて真の「自魂」をどう育てていくか、を考えなくてはならないのです。

現在、アクティブラーニングが話題になっています。「主体的・対話的で深い学び」と言われますが、これは、学びを通じて主体としての成長をはかる、ということです。よく動き回っていたらアクティブだとか、話し合い活動をしたら対話的だとかいうことではありません。書店に行きますと、六〇種類も七〇種類も、アクティブラーニングをテーマとした本が出ていますが、多くは「私達はこう考えました、こんな実践をやりました」と思いつきを書いているだけです。なぜアクティブラーニングが出てきたかについて、背景から理解しなくてはならないのです。かつてのアメリカの大学生はエリートでしたので、多くは人間としてきちんとしていました。家の方でも宗教が生きており、精神教育をしていますから、責任ある行動ができたわけです。ところが、大学が大衆化し、学生もエリートではなくなり、主体形成をどのように行っていくかを考えていく必要が出てきたところから、アクティブラーニングが強調されるようになったのです。一九九〇年前後からスタンフォード大学やハーバード大学で盛り上がりました。これが日本に遅れて入ってきたわけです。そういう背景をよく理解して、アクティブラーニングにしても「主体的・対話的で深い学び」にしても、見かけ上のものとしてとらえないようにしてほしいものです。アクティブラーニングをやっているので見に来てくださいと言われて見に行くと、アクティブはあるけどラーニングがどこにあるのかよく見えない、ということでは困るのです。主体的な学びを積み重ねることによって、主体作りをやっていかなければならないのです。PBL（プロジェクト・ベースド・ラーニング）といった形だけ真似してみてもだめなのです。

「主体的」とは何かというと、何よりもまず自我関与（エゴ・インボルブメント）です。自分ごととして学ぶ、ということです。与えられたからとか、みんなが大事と言っているからではなく、自分にとってこれは大事、自分にとってこれは必要、ということでなくてはいけないのです。そこに持っていくためには指導も必要です。「対話的」ということは、単に話し合いをしていればいいということではありません。自分と違う感性、自分とは異質な思考や発想に対して心を開き、自分のものとの違いに気づくと同時に、同じ所も見つけて、お互いどうすり合わせをしていくかです。対話というのは、弁証法的思考の訓練なのです。そこまで持っていくのには、やはり指導が必要です。みんなで話し合って、お友達と違いや同じところを見つけよう、と口で言うだけでは駄目です。話し合いが盛り上がっている、というだけで対話的です、ということではないのです。「深い学び」は、自分の実感にもとづいて考え、理解し、納得し、それが本音になるところまで持っていくことです。深い学び、ディープラーニングは、言うのは簡単ですが、なかなか難しいことです。この間、大村はま先生の本を読んでいたら、「駄目な先生は、自分で考えてごらん、自分達で話し合ってごらん、とすぐ言う」と書いてありました。「それで済ますなら、給料をもらってはいけない」とも書いておられます。

学習指導要領の改訂によって、人間教育を根幹に置いた、新しい教育をしなければいけないのです。主体形成、しっかりとした主体性を持つ人間を育てなくてはいけないのです。そうした主体形成を土台として、グローバル化が進み、知識爆発が進む中で、必要な資質・能力を身につけていかなくてはならないのです。これがまさに、現在のインターナショナル・スタンダードです。どこの国でもやろうとしていることなのです。

2　慎みによる和の実現

今回の学習指導要領改訂で何が変わったか、何度も確認してみていただきたいと思います。特に二〇一八年の三月に告示された高校の指導要領は、すごく中身が増え、内容も多岐にわたっています。小中学校の場合も高度な内容になっています。英語も小学三年生からになりました。和魂洋才の才の方は大きく変わり、高度化しているのです。では魂をどうするかです。日本の伝統的な精神は何なのか、主体形成の過程で基本的な柱になるものは何なのか、きちんと再認識し、教育の中で大事にしていかなくてはなりません。いろいろあると思いますが、「慎み」と「和」ということは特に大切ではないか、と私は考えています。「慎み」は自我肥大の抑制ですが、それによって自我そのものも対象とのかかわりも凝縮し、濃密な高度なものにします。それによって新しいハーモニー、調和を実現する、ということをめざすわけです。ただ調和すればいいということではなく、質の高い、濃密な調和でなければいけない。私は、これこそが日本の伝統的精神だと思っています。

具体的に言いますと、たとえば、盆栽です。盆栽は、小さい所に何でもかんでも植えればいいというものではありません。それが一つの世界にならなくてはなりません。凝縮して、それを見れば見るほど、味わいがあり、しかも調和した佇《たたず》まいになっています。自然のままの調和ではありません。慎みによって実現された調和です。慎んで、慎んで、そこに濃縮された高度な調和の世界が盆栽の中にはあります。石庭や枯山水もそうです。京都の龍安寺の石庭は、縁側に座って、石の配置や白い砂利にきれいにほうき目が入れてあるのをご覧になると、単純ですが、一つの調和した宇宙のあり方を感じることができます。枯山水も、その場所に本来はいろいろなものを持ってきて配置できるわけですが、多くをあえて取り去ってしまって、一番単純なかたちにしています。単純化した中に非常に質の高い調和を実現しようとしているわけです。

俳句もそうです。ヨーロッパの古典的な詩には長いものが多くあります。『旧約聖書』にも二五〇〇年以上前の詩があったりしますが、ほとんどが長いものです。日本でも奈良時代や飛鳥時代には、長歌がさかんでした。ところがその返歌である、五、七、五、七、七だけが独立して、後に短歌としてポピュラーになりました。そのまた五、七、五だけが取り出されて俳句になったわけです。江戸時代には長い連歌も盛んでしたが、今でも残っているものは、短歌であり俳句です。さらに言うと、江戸時代の中期、狂俳というものも、岐阜や名古屋あたりでは盛んでした。狂俳というのは、五、七あるいは、七、五、これだけの一番短い定型詩です。しかも、約束ごとがあり、体言止めにしてはいけないとか、題をそのまま詠み込んではいけないとか、単なる説明になってはいけない、などが言われています。

一〇〇年前、明治の終わりから大正、昭和初期にはやったのが、自由律の俳句です。俳句と名がついていますが、これは五、七、五ではなく、多くはもっと短くなっています。尾崎放哉《ほうさい》や種田山頭火《たねださんとうか》などが有名です。尾崎放哉の有名な句に「咳をしても一人」があります。咳をしてもしなくても一人は一人ですが、咳をコホンとした時、ああ一人だな、ということをしみじみ感じた、ということではないでしょうか。あるいは、「こんなよい月を一人で見て寝る」も尾崎放哉の句です。山頭火の句には「どうしようもないわたしが歩いている」があります。自由律の人達は、放浪して、歩き回りましたが、山頭火は特に放浪しました。どうしようもないわたしが歩いている、と歩いている中で、「どうしようもない」ということをしみじみと感じたのでしょうか。あるいは「おちついて死ねそうな草萌ゆる」の句もあります。草が萌え出ている時は、普通は生命力が旺盛で、さあ、これからやるぞ、と思いそうですが、山頭火の場合は逆です。本当に美しい草が萌え出してきている、ああここで一人静かに死んでいけるというのです。心境のあり方というか、内面世界の意識のあり方をしみじみと思わせます。

すごく短く凝縮して、意識世界の深いところを表現しています。盆栽、石庭、俳句、狂俳、自由律、みんなそうです。

これで思い出したことがあります。李御寧《イオリョン》という方です。韓国の初代の文化部長官もやり、今はもう九〇歳近い高齢です。彼が梨花女子大でフランス文学の教授をしていた一九七〇年代に、私は彼の家に招かれて一晩語り合ったことを思い出します。後に日本で、彼の『「縮み」志向の日本人』という本が翻訳され、たくさん売れました。彼の言う「縮み」志向というのは、日本人は何でも圧縮して、凝縮してしまって、ということです。韓国はどこか対照的なところがあります。大きいことはすばらしい、という感じがあります。日本ではそうではありません。彼との話で盆栽の話題が出たことを今でも覚えています。李御寧はフランス文学者ですから、フランス庭園を賞賛するわけです。これに対して、一つのお盆の上に自然を凝縮した形を作ることが日本的な精神です。彼はそうした日本的な凝縮に対してネガティブで、私はポジティブで語り合ったように覚えています。

話は元に戻りますが、主体である和魂を、そして自魂を、どのように形成していくか、ということです。どのような手立てで、どのように形成していくか。その一つの参考として、慎みと、それを通じて実現する凝縮したハーモニーということを考えてみてはどうか、ということです。

『日本書紀』で聖徳太子のものとしている十七条憲法で、「和を以て貴しとなす」と言っています。また「上和らぎ下睦《むつ》びて　事を論《あげつら》うに諧《かな》うときは　すなわち事理《じり》自から通う　何事か成らざらん」と言っています。うまく話し合いをしていると、非常に調和的な一つの筋道が見えてくる、事整う、ということです。そして「我必ずしも聖《ひじり》にあらず、彼必ずしも愚に非ず、共にこれ凡夫であるのみ」と言っています。自他共に「ただひと」であるのみと。十人の訴えを同時に聞いて、それぞれに的確な反応ができた、と言われるのが聖徳太子です。自分と意見の違う人と話をする時、偉い人ですから下手をすると向こうは迎合します。しかし意見の違いを言わせないといけない。言わせた後、我必ずしも聖ならずと、自分が必ずしも正しく分かっているわけでない、相手が必ずしも愚ではないという姿勢をとるわけです。共にこれ凡夫であるのみと。これが、日本の伝統となってきた「和」の深い意味です。これも慎みからきたものです。

教育の世界にいる人は、お互いに気をつけましょう。相手は子どもです。大学で教えていても、二〇歳前後の訳の分からない若者です。だから教師の側はおごり高ぶりになりがちです。しかし、聖徳太子を思い出さないといけないのです。「我必ずしも聖にあらず、彼必ずしも愚に非ず、共にこれ凡夫であるのみ」と。そこまで慎みの気持ちを持って、そしてどんなに初歩的なことであろうと、自分と違和感があるものがあれば、自分のこだわっていくべき何かがある、と思わなくてはならないのです。同じ人間同士としての同じこだわりがあるかもしれません。そのように慎んで、凝縮された形で形成されていく和、という教訓を、聖徳太子の精神から学ばなければならないでしょう。仏教にあれだけ寄与した聖徳太子ですが、仏教のことは二番目にしか言っていません。一番目は、「和を以て貴しとなす」です。慎みであり、それを通じての調和なのです。

きょう、皆さんにお話ししたのは、これからは和魂人類才の教育が必要だということです。しかし世の中を見ると、現実には無魂無才の氾濫《はんらん》といった状況が見られないではありません。私達はおごり高ぶることなく、やれるところから、ご縁があってわれわれの周りに来てくれた子どもや若者に対して、少しでも和魂人類才の方向に向かっての教育を進めていきたい、と思わざるをえません。

日本的な主体性の育て方、精神的な柱の作り方について、きょう私がお話しした慎みと和ということは、一つの仮説です。ただ和魂というあり方それ自体については、先人が大事にしてきたところですから、これからもお互いこれを求めていって、それを教育の中で何とか少しずつでも実現していくことができれば、と思います。日本の子どもの場合、そうした和魂の形成を通じてはじめて、本当の自分自身の精神的な拠り所、つまり自魂が形成されるのではないか、と思われてなりません。最終的には自魂人類才の教育をめざして、和魂ということ、日本の伝統的な精神を身につけた人間のあり方ということ、について、じっくり考えていきたいと思います。

＊和文化教育学会第一五回大会（二〇一八年一二月二四日）での基調講演の記録を整理し、学会誌『和文化教育研究』第一三号（二〇一九年八月）に収録したもの。

エピローグ　自己を見つめ、自己を語ること

1　自分自身を語る

多くの人は自分のことを語るのが好きである。親しい人と食事をしながら、自分自身のことを互いに話し合うこともある。「ねー、聞いて聞いて！」と息せききって友人に自分の体験したことを話すこともあるかもしれない。今ならブログやツイッターなどの形で、自分の気づきや思いを書いて気軽に発信することもできる。もちろん、自分自身と自分のさまざまなことについて対話することもできる。日記をつけている人なら、自分の今日一日を振り返って、何をやったか、どう感じどう思ったか、などを自分自身に対して語ってみることもあるのではないだろうか。

自分のことを語ることで、知らず知らずのうちに、自分自身を再確認しているわけである。自分のことを語ると、さまざまな人とのやりとり、さまざまな場で自分が感じたこと思ったこと等々が自分自身に見えてくる。そしてうまくいけば、自分自身の意識の世界に「多様な姿を示しながら過去から未来へ

と続いていく愛しい私」という一本の筋道が、少しずつできてくるのではないだろうか。もちろん、時によっては、「誰と会っても、どの場にいても、いつもいやなことばかり、不運でドジで可哀想な私」という沈んだ気持ちに襲われることがあるかもしれない。しかしそういう時でも、自分のことを語っていると、不思議なことに気が晴れていって、気持ちが明るい方に向いてくるのではないだろうか。直接的には、自己の内面に沈殿していた鬱屈の排出となることがあり、さらには自分自身の言動に新たな意味づけをして、明るさのある新たな自己物語を紡ぎ出してくることができたりするのである。

しかし時には、こうした日常的な自己語りよりもっとこだわりの強い形で、自分のことを考えてみることもある。「私って本当は何なんだろう?」「これが私なんだ、と言えるものがあるとしたら、それはいったい何なんだろう?」「私は結局はどういう人にならなくてはいけないのだろう?」といった気持ちになる時である。これは、アイデンティティ(自己同一性)の問い直し、と言われることもある。その人の自己語りも、またそれによって形作られていく自己物語も、こうしたアイデンティティの問い直しがあれば、また新たなものになっていくであろう。さまざまな要素を含む自己語り、自己物語に一つのテーマを与え、自分自身のさまざまな現れに筋の通った意味あるまとまりをもたらすものがアイデンティティである、そうしたアイデンティティの問い直しは、自分自身の新たなあり方生き方にもつながっていくことになるであろう。

2　宮沢賢治の「雨ニモマケズ」という呟き

宮沢賢治は病床で、「雨ニモマケズ」という呟《つぶや》きのようなメモを書き残している。これは、その時期の宮沢賢治にとって、最も基本的な意味を持つ自己語りであり自己物語だったのではないだろうか。「雨ニモマケズ」というこの呟きは、これまで多くの人の共感を呼んできたし、私自身も大好きである。この「雨ニモマケズ」が、とりわけ二〇一一年の東日本大震災の後で、いろいろな人によってあらためて取り上げられている。この時期に多くの人の口の端にのぼった「絆《きずな》」ということの意味を、「被災地の人達のために自分にでもやれることをやる」ということの意味を、この呟きを味わいながらもう一度考え直してみよう、ということなのであろう。

この「雨ニモマケズ」は、よく知られているものではあるが、ここに全文を載せておくことにしよう。

（カタカナを主とした表記のものが原文である。読み易くするため漢字と平がなに直したものを下に載せておく）

雨ニモマケズ	雨にも負けず
風ニモマケズ	風にも負けず
雪ニモ夏ノ暑サニモマケヌ	雪にも夏の暑さにも負けぬ
丈夫ナカラダヲモチ	丈夫な体を持ち
慾ハナク	欲はなく

決シテ瞋ラズ
イツモシヅカニワラッテヰル
一日ニ玄米四合ト
味噌ト少シノ野菜ヲタベ
アラユルコトヲ
ジブンヲカンヂョウニ入レズニ
ヨクミキキシワカリ
ソシテワスレズ
野原ノ松ノ林ノ蔭ノ
小サナ萱ブキノ小屋ニヰテ
東ニ病気ノコドモアレバ
行ッテ看病シテヤリ
西ニツカレタ母アレバ
行ッテソノ稲ノ束ヲ負ヒ
南ニ死ニサウナ人アレバ
行ッテコハガラナクテモイヽトイヒ
北ニケンクヮヤソショウガアレバ
ツマラナイカラヤメロトイヒ

決して怒らず
いつも静かに笑っている
一日に玄米四合と
味噌と少しの野菜を食べ
あらゆることを
自分を勘定に入れずに
よく見聞きし分かり
そして忘れず
野原の松の林の蔭の
小さな萱ぶきの小屋にいて
東に病気の子どもあれば
行って看病してやり
西に疲れた母あれば
行ってその稲の束を負い
南に死にそうな人あれば
行って怖がらなくてもいいと言い
北に喧嘩や訴訟があれば
つまらないからやめろと言い

ヒデリノトキハナミダヲナガシ
サムサノナツハオロオロアルキ
ミンナニデクノボートヨバレ
ホメラレモセズ
クニモサレズ
サウイフモノニ
ワタシハナリタイ

日照りのときは涙を流し
寒さの夏はおろおろ歩き
みんなにデクノボーと呼ばれ
誉められもせず
苦にもされず
そういうものに
私はなりたい

宮沢賢治は三七歳の若さで亡くなったが、これはその二年前の三五歳の時（昭和六年一一月三日）に、病床で書かれたものである。このメモは、賢治が亡くなった後、彼の大事な私物を入れていたトランクの内蓋から発見された黒いレザー帳りの手帳に記されていたとのことである。推敲された跡も見られない私的なメモであり、まさに彼の私的な呟きの記録と言ってよいであろう。

3　宣言としてのアイデンティティ・位置づけのアイデンティティ

この呟きは、自分自身をどのようなものにしていきたいかという願いを、具体的な形で縷《る》々《る》述べたものである。その土台には、自分はどのようなものでなくてはならないか、という「宣言としてのアイデンティティ」が潜んでいる。このメモは、「自分はこういう人間でありたいと思う」「自分はこういう人間であるためにこれから一生懸命努力していく」という決意表明を示すもの、と言ってもいいかもしれない。

ところで、アイデンティティということで普通に言われるのは、他の人達が自分のことを何者として見ているだろうか、ということである。これは何度も繰り返し述べたように「位置づけのアイデンティティ」である。社会的なアイデンティティというのは、たしかにそういう性格のものである。皆が「この人はコレコレの人である」と見ており、「そういう人ならコレコレのことをするのが当然」という期待の目で見る。たとえば一人の大学生が自分のことを考えるとするならば、自分は「何々大学・短大の学生」である、「誰々の娘・息子」である、「〇〇クラブのメンバー」である、「△△塾の講師」である、……といった自分自身に貼りつけられたさまざまな社会的レッテルを意識するであろうし、その中で、その時その場で一番中核に位置するものが「位置づけのアイデンティティ」ということになる。もちろん、それぞれのレッテルごとに一定の社会的期待が寄せられ、それに応じたふるまいをしなくてはならないが、その中で一番中核にあるレッテル＝アイデンティティについての期待を中心に日常生活の基本的なあり方を整えていかなくてはならないわけである。

たとえば「〇〇大学の学生」という社会的レッテルが最も中核的な意味を持つものとして、自分自身にも、また周囲の人にも大事にされているということであるなら、どこにいても何をしていても、どこかで、「〇〇大学の学生」にふさわしいかどうか、という周囲からの期待を意識し、それに応じたふるまいをしなくてはいけない、ということにならざるをえないのである。[*1]

人によって、また同じ人でも時期によって、「位置づけのアイデンティティ」が強かったり、「宣言としてのアイデンティティ」が強かったりするであろう。しかし、いずれにせよ、アイデンティティが中核となって生活のあり方が形作られ、それを意識化し意味づけた自己語り・自己物語も、そのアイデンティティを土台としたものになるのである。

宮沢賢治が「雨ニモマケズ」を呟いた時、病床にあったため社会的交わりが大きく制限され、「位置づけのアイデンティティ」を意識することは薄くなっていたであろう。それにひきかえ、自分の病を意識していっそう強く「自分はこういう人でなくてはならない」という「宣言としてのアイデンティティ」を意識していたのではないかと思われてならない。

それでは、宮沢賢治の「宣言としてのアイデンティティ」の中身は、具体的には何であったのであろうか。「雨ニモマケズ」を呟いた裏には、「菩薩道《ぼさつどう》を実践する人間でありたい」という願いがあったことを、多くの人が指摘している。菩薩道とは、他の人のために尽くせるだけ尽くす、それによっていっさいの迷いから解放された仏になる、という求道者、修行者のあり方である。こうした「菩薩道の実践者」というアイデンティティを中核として、宮沢賢治の「雨ニモマケズ」という自己語り・自己物語が紡がれた、と考えることができるのではないだろうか。

4　自己物語「雨ニモマケズ」の構造的理解

この「雨ニモマケズ」の自己語り・自己物語は、大きく六つのパートに分かれている。

まず第一に語られているのは、「雨にも風にも雪にも夏の暑さにも負けない丈夫な体を持ちたい」という願いである。病床にある宮沢賢治にとって、これは切実なものであったに違いない。それに、この後で呟いている具体的な形での「菩薩道の実践」も、「丈夫な体」がなくてはどうにもならない、という意識が強くあったのではないだろうか。

そのうえで、第二として、「欲のない、怒らない、いつも静かに笑っている」といった基本的あり方でありたい、という願いが語られる。草食系の人間の極致とでも今なら言われそうである。しかしながら、こうした無欲で自己統制の利いた柔和な姿が仏教のめざす理想的な人間像なのかもしれない。

こうした人間像を裏づける具体的な生活の姿が、次の第三のパートにある「玄米と味噌と野菜の食事を日常とする」「自分を勘定に入れずにあらゆることに耳目を開いている」「野原のはずれの茅葺きの小さな小屋に住む」という素朴で質素な日常生活のあり方ということになるであろう。

そうした基盤の上に立って、第四のパートとして、「菩薩道の実践者」というアイデンティティを具体的な行動に表そうとする構えが示される。「病気の子どもがいれば、行って看病する」「疲れた母親がいれば、行って稲の束を背負ってあげる」「死にそうな人がいれば、行って怖がらなくてもいいと言い聞かせる」「喧嘩や訴訟があれば、行ってつまらないからやめろと言う」、これらはまさに菩薩道の実践としての行動である。「雨ニモマケズ」の五年ほど前に書かれたメモ「農民芸術概論綱要」では、「世界がぜんたい幸福にならないうちは個人の幸福はあり得ない」と書かれている。皆が笑顔で暮らせる「共生社会」を創るために自分は働く、という宮沢賢治の決意がここに表されているのである。しかも「(自分がそこに)行って」という言葉が繰り返されているように、能動的かつ主体的に、そうした行動をとっていく、という気持ちが表されているのである。このように、「菩薩道の実践者」というアイデンティティから出てくる具体的な行動のあり方を、いわば自分自身への義務として、自分自身が踏み行うべき必須の実践目標として、自分自身に対して突きつけている、と言っていいのではないだろうか。

これと同じ姿勢ながら、次の第五のパートでは、自分が実際の役に立たない時には、「ともに悲しみ、ともに苦しむ」存在としてそこにいたい、という願いが語られる。具体的には「日照りの時は涙を流し」「寒さの夏はオロオロ歩き」という姿である。岩手で農業活動の指導に当たっていた宮沢賢治にとっては、日照りが続いたり冷夏だったりすると、農作物が育たず、途方に暮れたのではないだろうか。天候異変は人間の少々の知恵や努力ではどうにもならない災害をもたらす。しかし、そうしたたいへんな場合にも、自分は実際には何もできないかもしれないけれど、困り果てている農民の方々と、その場でいっしょに涙を流しながら、オロオロ彷徨《さまよ》いたい、と願っているのである。

そして、最後の締めくくりである第六パートで、人々の中で目立つことのない、むしろ軽蔑の眼で見られるような存在としてやっていきたい、という決意が述べられる。「デクノボーと呼ばれる」ような姿である。「誉められもくさされもしない」あり方である。ここで多くの人は、宮沢賢治は法華経に述べられている常《じょう》不《ふ》軽《ぎょう》菩薩《ぼさつ》のようなあり方をめざしていたのだろう、と考えるのではないだろうか。私もそう思わざるをえない。常不軽菩薩というのは、誰に会っても、その相手がどんな人であっても、その人が菩薩道を行ずるなら必ず仏になることができるのだから（どんな人にも仏になる可能性が秘められているのだから）ということから、敬意を表し礼拝した、という菩薩である。そういう常不軽菩薩の姿を見て、多くの人があざ笑い、意地悪をし、迫害したけれども、それにも屈せず、誰に会っても敬意を表し礼拝することをやめなかった、と法華経に書かれている。まさに「デクノボー」と呼ばれるべきあり方であろう。

ここに述べてきたところから宮沢賢治のめざしたところが、十分に読み取れるのではないだろうか。

5　自己確認の積み重ねによって真に人間的な生き方を

自分のことを語っていくこと、それをまた何度か見直し、よりいっそう自分にしっくりいく自己語りにしていくこと、機会を見つけてこれを日常的に続けていくことが大切ではないだろうか。私の場合で言うなら、そうした自己語りを日記の形で、三〇年以上の間続けてきている。ワープロで毎日その日のことを打ち込んで、一年間が過ぎたらその全部を打ち出してハードカバーで製本し、書斎の本箱に並べている。一ページに四〇〇字詰原稿用紙四枚分、全部で二五〇ページ前後（約一〇〇〇枚）というのが、最近では一年分の日記の量になる。これは私自身の備忘録ともなるが、何よりも自己確認の資料となっている。今の自分、何年か前の自分、そしてこれから先の自分を、この日記を繙《ひもと》いてみることによって考えさせられるのである。時には、毎日の記録の中に、その時の自分をどう見ているか、これから自分はどういうあり方をしたいか、俳句や短歌の形で書きとめておくこともある。

六〇歳の還暦を迎えた頃に創った俳句を、そうした例として、ここに載せておくことにしたい。[*2] 老年と呼ばれる段階に足を踏み入れていくことの感慨が、この短い自己語りの中に幾許《いくばく》か反映されているように思われるのであるが、いかがであろうか。

灼熱の夏も覚えず虫すだく
のろのろと茶色のカマキリ草紅葉
木枯らしは覚悟の上と紅葉燃ゆ

ちょうど一〇年経って古稀を過ぎた二〇一二年のお正月には、私自身の願いをこんな短歌の形にしている。私自身も常不軽菩薩のような形で菩薩道を行じたい、という気持ちが高まってきたためかもしれない。

あらたまの年の始めに念じたし　はらから皆の和らぎをこそ

この場合の「和らぎ」とは、何よりもまず、聖徳太子の言う「和を以て貴しとなす」の「和」である。そして同時に、アッシジのフランシスコの精神を表現した「平和の祈り」にある、「メイク・ミー・ア・チャネル・オブ・ヨー・ピース（私をあなたの平和＝神様の平和＝を実現するために働く道具として使ってください）」の「ピース」でもある。何とかして共生的な「大調和」の社会を実現したいとの思いを表現したものと言ってもいいであろう。宮沢賢治の「雨ニモマケズ」の呟きに共感を覚えるのも、私自身のこうした思いがあるからである。

で、こうした私自身の自己確認の土台にあるアイデンティティは、どうなっているのであろうか。実は「位置づけのアイデンティティ」としては、二〇二〇年末の段階であるなら、関西で桃山学院教育大学長として活動している時、東京で中央教育審議会初等中等教育分科会の委員として、あるいは日本語検定委員会理事長として活動している時、仙台で聖ウルスラ学院英智幼稚園・小中学校・高等学校の理事長として活動している時、等々ではかなり異なっている。それぞれの土地で、そこでの役割に応じた顔を持って社会的に動いているのである。その意味ではプロテウス的人間であると自認せざるをえない。[*3] しかし私自身の「宣言としてのアイデンティティ」とでも言うべきものは、「自分自身が生きていることを、できるだけ広く深く認識していきたい」という意味での「認識者」として一貫していると言ってよい。平家の公達のように「見るべきほどのことは見つ」と呟いて死を迎えたいのである。ただし、それが暗い諦念に導かれたものであっては困る、とも思うのであるが。

卒寿を前にした二〇二〇年の元旦の賀状には、

年新た　空即是色　空蒼し

の句を載せてみている。「見るべきほどのこと」を冷ややかに「空」として観じるのではなく、意識が途絶えるまで貪欲に「色」として見ていきたいということである。ただしそこでは、「色」の背後に宇宙全体につながる底抜けの青空を想定したい、という願いを込めてのことであるが……。実は、ここでは小林一茶の句「露の世は　露の世ながらさりながら」の認識は是としながらも、その心情を乗り越えたもっと積極的な思いを持って生きていかなくては、という決意表明でもある。

その前の年の賀状には、もう少しはっきりと、私自身のありたい姿あるべき姿を打ち出してみたつもりである。

木枯らしに凛と萌えたつ紅椿

さて、私自身のことはさておき、いろいろな形で自己語りをすることは誰にとっても大切な意味を持っているであろう。また、いったん行った自己語りをまた語り直すことで、自分自身についての再確認を一歩一歩深めていくことも、また大切なことであろう。こうした自己確認と、そこから出てくる決意を通じて、自分自身の固有の存在が具体的な形で形作られていく、ということになるのではないだろうか。

逆に言えば、こうした自己確認を抜きにした生き方は、つまり何の振り返りのないまま今・今・今の連続で過ごしていくような生き方は、あえて言えば、真に人間的なものであるとは言えないのではないだろうか。人間として生まれてきたことに、そして人間として生きていることに、深く感謝し、足が地についた着実な生き方をしていくためには、その時その時の自己確認が不可欠と言っていいのではないだろうか。

自分自身を語っていくこと、それを通じて自分自身の物語を紡ぎ出していくこと、そして、そうした自己物語に相応しい言動を、仕事を、何とかやっていくこと、振り返ってみて私自身やってきたところであり、これからの残された人生、これを十分に意識しながらやっていきたい、とあらためて思うところでもある。

＊1　「宣言としてのアイデンティティ」と「位置づけのアイデンティティ」の問題については、梶田叡一『意識としての自己』金子書房（一九九八年一一月刊）のⅢ章と補章を参照されたい。この『自己意識論集』においても、各巻でこの問題を論じている。

＊2　梶田叡一『お茶の学びと人間教育』淡交社、一六一頁（二〇〇二年五月刊）に収録。

＊3　詳しくは、梶田叡一・溝上慎一編『自己の心理学を学ぶ人のために』世界思想社（二〇一二年二月刊）の最終章「プロテウス的人間あるいは多元的アイデンティティ」（本書の第6章に収録）を参照されたい。

あとがき

本書は、一九九一年に公刊した『内面性の心理学』（大日本図書）に収録されていた論考を基盤としながら、二〇〇九年に刊行された『和魂ルネッサンス』（あすとろ出版／ＥＲＰ）に収録の内容的に深い関連を持つ論考、さらには、これらの深化・発展をはかった最近の論考とからなる。その意味で本書は、既刊の『内面性の心理学』の改定増補版といった性格を持つものである。

元の『内面性の心理学』から本書に収録した論考は、以下の通りである。（末尾のカッコ内は原書での章を示す）

プロローグ　それぞれの〈私〉にとっての「現実」（第２章）
第３章　心の構造をめぐって（第６章）
第７章　生きる原理としての自己認識・自己概念（第５章）
第８章　「心」の望ましいあり方の実現のために（第３章）
第９章　自己実現への渇きと促しを（第４章）
第11章　内面世界の心理学（第１章）
第12章　内面性を重視した心理学の研究方法とは（第９章）

また『和魂ルネッサンス』からの論考は以下の通りである。（末尾のカッコ内は原書での章を示す）

附章1　慎み――欲望を制する（第4章）

附章2　冷暖自知――体験し経験化をはかる（第5章）

附章3　不審の花――「覚」ということ（第7章）

附章4　世間虚仮――〈我の世界〉を重視する（第6章）

以上に加え、最近になって発表した論考にもとづくものは、以下の通りである。

第1章　内面世界――自己意識と有機体自己と社会的自己と

『奈良学園大学紀要』第2集（四三～四九頁、二〇一五年）

第2章　多様な自己提示と自己アイデンティティ――社会的期待といかに対峙するか

『桃山学院教育大学研究紀要』第1号（七～一四頁、二〇一九年）

第4章　意識下の「本源的自己」との連携強化――「深い生き方」のために

『人間教育学研究』第5号（三～八頁、二〇一八年）

第5章　主体的であることの内面的基礎

『人間教育学研究』第6号（一～四頁、二〇一九年）

第6章　プロテウス的人間――「変身」の日常性について

『自己の心理学を学ぶ人のために』世界思想社（終章、二〇一二年）

第10章　自己提示の病理と志ないし宣言としてのアイデンティティの可能性

『人間教育学研究』第４号（一～六頁、二〇一七年）

附章５　慎みにもとづく和を——日本の精神的伝統の再認識

『和文化教育研究』第13号（三七～四一頁、二〇一九年）

エピローグ　自己を見つめ、自己を語ること

『人間教育のために』金子書房（第７章、二〇一六年）

本書で展開している私自身の考え方については、これまで長い年月にわたって続けてきた自己意識研究会において、逐次披瀝《ひれき》してきたものである。この自己意識研究会は、私が東京でよく参加していたいくつかの心理学関係の研究会でやっているような、欧米の研究の最新動向を紹介し合う、といった集まりではない。集う一人ひとりの思いや考えを拙くてもいいから共通のテーブルにのせ、そこから互いに啓発されるものを受け取れればいい、というのが基本的なスタンスであり続けてきた。実際の雰囲気については、第Ⅰ巻の「エピローグ」、第Ⅲ巻の「附章２」に記録の一部を抄録しているので、参照していただけたら幸いである。

この自己意識研究会が始まったのは、私が大阪大学人間科学部の助教授をしていた一九八五年のことである。当時同じ人間科学部の教育哲学研究室で助手をしていた矢野智司さん（後に京都大学教授・教育学部長など）や社会心理学研究室の博士課程院生であった金川智恵さん（後に追手門学院大学教授・大学院社会科学研究科長など）の熱心な慫慂《しょうよう》で始められた、という経緯がある。

当初は「（山田が丘）セルフ研究会」と称していたこの研究会では、メンバーの方々の共同労作と

して、一九八九年に最初の本『自己意識の発達心理学』（金子書房）を刊行した。次いで、一九九三年には『自己という意識〈現代のエスプリ307〉』（至文堂）を、一九九四年には『自己意識心理学の現在』（有斐閣）を、そして二〇〇二年には『自己意識研究の現在』（ナカニシヤ出版）を、二〇〇五年には『自己意識研究の現在 2』（ナカニシヤ出版）を刊行している。また二〇〇九年には、浅田匡さん（早稲田大学人間科学部教授）が世話人となって、ブルース・A・ブラッケン編の大部の本を『自己概念研究ハンドブック』（金子書房）として協同して翻訳刊行している。そして二〇一二年には、溝上慎一さん（京都大学教授から桐蔭学園理事長）のお骨折りで『自己の心理学を学ぶ人のために』（世界思想社）が刊行され、二〇一六年には、中間玲子さん（兵庫教育大学教授）と佐藤徳さん（富山大学人間発達科学部教授）のお世話で『現代社会の中の自己・アイデンティティ』（金子書房）が共同執筆で刊行されている。

ここで思い起こすのは、宗教多元主義者として知られるジョン・ヒックが『神は多くの名前をもつ』（間瀬啓允訳、岩波書店、一九八六年）で述べている提言である。ジョン・ヒックは、ヴィットゲンシュタインを引用しながら「自分の見聞することは、他の人達の見聞するところや、それによって生じる感情の動き等々ときわめて類似しているにしても、それを〈何である〉と意味づけて経験するか（experiencing-as）は極めて多様なものになる」と強調する。そして「自分の体験を意味づけ概念化した信念体系にこだわって軽々にそれを絶対視することがあってはならない」と言う。このことからジョン・ヒックは、キリスト教とユダヤ教やイスラム教、ヒンズー教や仏教等々といった大宗教相互の間の違いを言い立てて相互に敵対し合うことを強く諌める。宗教宗派の違いは、基本的に、共通の宗教的体験を根底に持ちながらも、それぞれの文化における「経験化」（意味づけ・概念化）の違いがもたらした信念体系の相違にほかならない、としてとらえるべきである、とするのである。

心理学や社会学等々の世界でも、人が現実に体験しているところ自体はそう大きな相違がないのに、学派によって互いに相容れないような意味づけや概念化がなされ、相互に大きく異なった理論体系が作り上げられてしまっている場合がある。こうした学問的な概念体系の作り上げ方については、表面的な相違にこだわるのでなく、人間誰しもが多かれ少なかれ共通に持つ「体験」という共有基盤に立ち返って考える、ということを私自身も大前提としてきた。われわれの自己意識研究会の基本的スタンスも、長年月を通じて、こうした共通の「体験」への立ち返りとその「経験化」という視点を一つの特徴とし、学派による表面的な違いには拘泥しない、という基本姿勢を堅持してきたことも、ここであらためて付言しておくことにしたい。

本書は、「自己意識論」シリーズ（全五巻）の最終巻となったので、巨視的な目で私自身の学びの軌跡を振り返り、特に御世話になった方として以下に掲げる方々に対して特段の謝意を捧げたいと思う。

まずは鳥取県米子市立就将小学校に入学した当初、一～二年次の担任をしていただいた手島金子先生に深く感謝したい。肝っ玉母さんのような豊かな包容力と、敗戦後の貧しい状況において身銭を切って揃えていただいた学級文庫の多様な本や数々の手作り教材を思い出す。私自身が生涯をかけてアカデミックな世界で仕事をする基盤を作っていただいた恩人であり、いつまでも忘れることのできない恩師である。

年月は大きく飛ぶが、十分な専門的学びの基礎が欠けたまま国立教育研究所研究員として就職した若い私が、一人前の研究者として育つよう数々の御配慮をいただいた上司・久保俊一先生（第3研究部長など）、その背後から暖かくバックアップしていただいた当時の平塚益徳所長（九州大学教育学部長やユネスコ本部の幹部などを歴任）に深く感謝したい。こうした上司の特別な御配慮（海外での多様な研修機会も含め）がなければ、自分自身の視点からの研究を長年月継続的に行うことは不可能ではなかったか、と思われてならない。国立教育研究所での十一年間を含め、東京での三〇歳代終わりまでの修業時代において、本当に多くの人に御世話になっている。とりわけ大きく感謝すべき方々としては、お出会いの順番から言えば、東洋先生（東京大学教育学部長など）、波多野完治先生（お茶の水女子大学学長など）、藤永保先生（お茶の水女子大学の学部長など）、河野重男先生（お茶の水女子大学学長など）などの方々がおられる。直接的な形での御指導だけでなく、こうした先生方の御縁によって優れた数多くの先輩研究者の方々の知遇を得ることができ、さまざまな学びのきっかけになったことにもまた深く感謝したい。

そうした先輩研究者の中で、特に藤田惠璽先生（岐阜大学教授など）と井上尚美先生（東京学芸大学教授）には、兄貴分として長年お世話になり、また多大な刺激を受けた。感謝である。

関西に帰り四〇歳代五〇歳代の最も研究の実が上がった時期については、大阪大学に引っ張っていただき、さまざまな形でバックアップしていただいた麻生誠先生（大阪大学人間科学部長など）に対して、まずもって深い謝意を表したい。また学生時代に御指導を受けた畠瀬稔先生（京都女子大学教授など）との御縁が関西に帰ったことで復活し、学会活動などを御一緒する中でさまざまな形で啓発していただいたことに対しても、ここで深く謝意を表したい。

そして六〇歳代七〇歳代、大阪に居住し、いくつかの大学の学長職をこなしながら、国の教育の基本的な方向づけについて東京での活動も続けていく中で、少なからぬ方々に御世話になり、また刺激を受けた。研究面での話とは少しずれるので、また別の機会に御名前をあげ謝意を表することにしたい。

この全五巻の『自己意識論』シリーズをまとめてみることによって、自分自身の若い頃から志してきた心理学ないし人間研究の大要を、自分自身の眼で再確認することができたように思う。御縁あってどの巻かを手に取り、読み込んでいただいた方々との間に、時空を超えた対話ができることを心から願っている。

本書（第5巻）の編集と刊行に当たり、東京書籍株式会社出版事業部の植草武士部長と金井亜由美さん、小野寺美華さんには多大なお世話になった。ここに記して心からの謝意を表したい。

この全五巻の『自己意識論』シリーズ全体が本書の刊行をもって完結するわけであるが、この間の、植草武士部長の綿密な心配りには深く感謝するものである。また、この著作集の最後の仕上がりまで、萩原民也日本語検定委員会事務局長をはじめとする私の仕事仲間の方々から多大な励ましをいただいたことも感謝である。なお私自身の側においては、本著作集刊行のためのさまざまな準備作業をはじめ、植草武士部長との連絡調整を含めて、宮坂政宏さん（桃山学院教育大学学長室長）に一貫して多大な御苦労をいただいた。深い感謝の意を表したい。

梶田叡一

二〇二一年二月

底本一覧

プロローグ・第3章、第7章〜第9章・第11章〜第12章
『内面性の心理学』大日本図書、一九九一年。

第1章　『奈良学園大学紀要』第2集、二〇一五年。

第2章　『桃山学院教育大学研究紀要』第1号、二〇一九年。

第4章　『人間教育学研究』第5号、二〇一八年。

第5章　『人間教育学研究』第6号、二〇一九年。

第6章　『自己の心理学を学ぶ人のために』世界思想社、二〇一二年。

第10章　『人間教育学研究』第4号、二〇一七年。

附章1〜4　『和魂ルネッサンス』あすとろ出版／ERP、二〇〇九年。

附章5　『和文化教育研究』第13号、二〇一九年。

エピローグ　『人間教育のために』金子書房、二〇一六年。

【編集付記】

本書で用いられている一部の用語については、現在では、差別的で不適切とされるものもあります。編集にあたり最大限の配慮はいたしましたが、過去の時代の歴史的考察の立場から、あえて掲載させていただいた場合もあります。著者、出版社に差別等の意図は全くないことをご理解いただきたく、お願い申し上げます。

__た・な行

__は・ま行

__や・ら行

【人　名】

[第V巻]

【事　項】

第Ⅳ巻

【事　項】

あ・か行

さ行

た・な行

は行

ま・ら行

【人　名】

あ・か行

【人　名】

第Ⅲ巻

【事　項】

【人　名】

第Ⅱ巻

【事　項】

あ行

か行

さ行

た行

【人　名】

索　引（第Ⅰ巻～第Ⅴ巻）

・各巻ごとに、事項と人名の索引を設けた。
・見出し語は、必ずしも本文と一致しない場合もあるが、本文と関係の深い用語については立項した。

第Ⅰ巻

【事　項】

梶田叡一（かじた・えいいち）

1941(昭和16)年4月3日，松江市生れ。隣の米子市で幼稚園・小学校・中学校・高等学校を卒え，京都大学文学部哲学科(心理学専攻)卒業。文学博士〔1971年〕。国立教育研究所主任研究官，日本女子大学文学部助教授，大阪大学人間科学部教授，京都大学教授・高等教育教授システム開発センター長，京都ノートルダム女子大学長，兵庫教育大学長，環太平洋大学長，奈良学園大学長、桃山学院教育大学長を歴任。
〔学〕聖ウルスラ学院（仙台）理事長，日本語検定委員会理事長。

これまでに，教育改革国民会議（総理大臣の私的諮問機関）委員〔2000年〕，第4期・第5期中央教育審議会〔2007～2011年〕副会長（教育制度分科会長・初等中等教育分科会長・教育課程部会長・教員養成部会長），教職大学院協会初代会長〔2008～2010年〕等を歴任。
また，大阪府私学審議会会長，大阪府箕面市教育委員長・総合計画審議会会長，鳥取県県政顧問，島根大学経営協議会委員・学長選考会議議長，〔学〕松徳学院（松江）理事長等も歴任。

（中国上海）華東師範大学〈大夏講壇〉講演者〔2006年〕，兵庫教育大学名誉教授〔2010年〕，日本人間性心理学会名誉会員〔2013年〕等の他，神戸新聞平和賞〔2010年〕，（裏千家淡交会）茶道文化賞〔2012年〕，宮城県功労者表彰〔2014年〕，京都府功労者表彰〔2017年〕，文部科学大臣表彰〔2020年〕等を受ける。

主な著作に，『生き生きした学校教育を創る』『教育評価』有斐閣，『真の個性教育とは』国土社，『教育における評価の理論（全3巻）』『〈いのち〉の教育のために』金子書房，『教師力の再興』『教育評価を学ぶ』文溪堂，『和魂ルネッサンス』あすとろ出版，『不干斎ハビアンの思想』創元社，等がある。

自己意識論集《じこいしきろんしゅう》　Ⅴ《ご》
内面性《ないめんせい》の心理学《しんりがく》

2021年3月31日　第1刷発行

著　　者　梶田叡一《かじたえいいち》
発 行 者　千石雅仁
発 行 所　東京書籍株式会社
東京都北区堀船 2-17-1　〒 114-8524
営業 03-5390-7531 ／編集 03-5390-7455
https://www.tokyo-shoseki.co.jp
印刷・製本　図書印刷株式会社

装幀　難波邦夫
DTP　牧屋研一
編集　植草武士／金井亜由美／小野寺美華

ISBN978-4-487-81400-8　C3311

梶田叡一『自己意識論集』全5巻

〈四六判・上製本〉各巻平均三〇〇頁

【各巻の構成】

第1巻　自己意識の心理学
第2巻　自己意識と人間教育
第3巻　意識としての自己
第4巻　生き方の心理学
第5巻　内面性の心理学

【発刊の辞】

自己意識の問題は、アイデンティティ、自己概念、自己イメージ、自尊感情、等々の形で論じられ、現代の心理学・社会学・教育学等において、最も重要な課題の一つとされてきました。個々人の言動の土台になるだけでなく、生き方の問題、さらには社会や文化の組織と機能にまでかかわってくるのが、自己意識の問題だからです。「人間の人間たるゆえんを解明するポイントは自己意識にあり」ということになるのではないでしょうか。従来はアメリカやヨーロッパでの研究が多かったのですが、現在においては日本の若手・中堅の研究者の間でも、非常にポピュラーな研究課題の一つとなっています。

私自身は、一九六〇年の京都大学文学部入学以来、今日まで一貫してこの領域の問題に取り組んできており、一九七一年に京都大学から授与された文学博士号も「自己意識の社会心理学的研究」というものでした。私の研究はその後、教育に関する諸問題などにも拡がっていますが、その際の大事な理論的枠組みにも自己意識の問題が大きくかかわっています。私の周辺の現役研究者にも、私の積み重ねてきた自己意識にかかわる仕事を一つの踏み台としてくれている人が少なくありません。

この論集は、私自身のこれまでの自己意識論に関する五冊の単行本を柱としながら、最近の論文等でこれを補い、新しいまとまった形で世に問おうというものです。